RESTAURATION DU JEU DE PAUME EN 1880-8?
PAR M. E. GUILLAUME
EDICULE ENCADRANT LA PLACE DU SERMENT

NOTICE HISTORIQUE

SUR

LA SALLE DU JEU-DE-PAUME

DE VERSAILLES

IL A ÉTÉ TIRÉ

Deux-cent-cinquante exemplaires sur papier de Hollande

OUVRAGES DU MÊME AUTEUR :

Histoire de Madame du Barry, d'après ses papiers personnels et les documents des archives publiques. — L. Bernard, 3 vol. in-18 avec gravures, 15 fr.
Dossiers du procès criminel de Charlotte de Corday.
Dossier historique de Charlotte de Corday.
Charlotte de Corday et les Girondins. — Plon, 3 vol. in-8 et album, 24 fr.
Recherches historiques sur les Girondins : Vergniaud: manuscrits, lettres, papiers, avec portraits originaux et fac-simile. — Dumoulin, 2 vol. in-8, 14 fr.

POUR PARAITRE PROCHAINEMENT :

Hoche à Quiberon, d'après des documents inédits.
Hoche à Rennes. — Tentative d'assassinat sur sa personne. — Procès des assassins.
Expédition d'Irlande. — Les Compagnies noires.
Mort du général Hoche. — Etude sur ses causes.
Biographie et bibliographie. — Mélanges sur le général Hoche.

Versailles. — Imp. E. Aubert.

NOTICE HISTORIQUE

SUR LA SALLE

DU

JEU-DE-PAUME

DE VERSAILLES

Depuis sa fondation jusqu'à nos jours

SUIVIE DE LA

LISTE COMPLÈTE ET INÉDITE DES SIGNATAIRES DU SERMENT

PAR

CHARLES VATEL

VERSAILLES

L. BERNARD LIBRAIRE-ÉDITEUR

9, RUE SATORY, 9

1883

> DANS CE JEU DE PAUME LE XX JUIN M.D.CC.LXXXIX
> LES DÉPUTÉS DU PEUPLE
> REPOUSSÉS DU LIEU ORDINAIRE DE LEURS SÉANCES
> JURÈRENT DE NE POINT SE SÉPARER
> QU'ILS N'EUSSENT DONNÉ UNE CONSTITUTION A LA FRANCE
> ILS ONT TENU PAROLE

INTRODUCTION

Il y aura bientôt cent ans que s'est accompli l'événement qui a immortalisé le Jeu-de-Paume de Versailles. Pendant ce long espace de temps, que de révolutions, que d'orages ont passé sur le frêle édifice ! Il a toujours résisté à la tourmente, quoiqu'il n'ait jamais été oublié et que son nom ait été rappelé dans les moments les plus graves de notre histoire, au 20 Juin 1792, au 1er Prairial, au 18 Brumaire, aux journées qui précédèrent celles de Juillet 1830 ou de Février 1848. Le Jeu-de-Paume est resté l'arche sainte de la patrie lorsque la constitution de notre pays a couru des dangers. Il lui manquait une consécration, promise par l'Assemblée constituante, confirmée par la Convention, ajournée par les Napoléon et les Bourbon ; elle sera tenue prochainement par la République, la forme définitive du gouvernement de la France.

Ce n'est pas d'aujourd'hui que nous avons cherché à recueillir les souvenirs à demi effacés des fastes du Jeu-de-Paume. Notre travail, interrompu par le coup d'Etat du second Empire, devra son achèvement à l'inauguration qui se prépare. Nous offrons cette notice à nos compatriotes, aussi bien à ceux pour lesquels le Jeu-de-Paume est un titre de gloire qu'à ceux qui n'y verraient qu'un sujet de curiosité.

Nous devons expliquer ce mot. Pour certains esprits le Jeu-de-Paume est un sanctuaire consacré, pour d'autres c'est le cratère d'un volcan dont on aperçoit toujours la lave. A nos yeux, le domaine de l'histoire est un terrain entièrement séparé des régions de la politique. Nous nous efforcerons de ne pas franchir la ligne de démarcation qui sépare ces deux mondes ; non que nous entendions nous désintéresser de ces grandes questions, mais parce que ce n'est pas dans une notice comme celle-ci qu'elles doivent être traitées. Fixer des dates exactes, donner des explications vraies et complètes, tel est notre modeste programme. Si nous parvenons à en remplir toutes les conditions, nous nous croirons heureux d'avoir mérité le titre de chroniqueur et de cicérone du Jeu-de-Paume, ce qui est notre seule ambition.

SALLE
DU JEU-DE-PAUME
DE VERSAILLES

I

HISTORIQUE DE L'ÉDIFICE

Dans les idées d'autrefois, le jeu de la paume n'était pas un simple exercice de plaisir; c'était un amusement royal avec ses rites, son étiquette, ses servants. Tous les anciens châteaux avaient un jeu de paume : le Louvre, Vincennes, Fontainebleau (1), Compiègne, Saint-Germain. Versailles, récemment créé, n'en avait pas encore en 1682. Les *Mémoires de Dangeau* nous montrent les grands seigneurs de la cour jouant à la longue paume dans les allées de Trianon (1684).

Les fonctions de maistre paulmier du roy et concierge des jeux de paume de Sa Majesté étaient confiées à un sieur Jean Bazin, demeurant ordinairement à Saint-Germain-en-Laye, et propriétaire à titre privé du jeu de paume existant dans cette ville. Il avait assuré la survivance de sa charge à son

---

(1) Celui de Fontainebleau notamment existe encore et sert toujours aux amateurs de ce jeu.

fils François Bazin. Il avait marié sa fille Jeanne à Nicolas Cretté, autre paulmier-raquettier. Ceux-ci conçurent la pensée d'édifier un jeu de paume à Versailles, droit qui n'appartenait qu'à eux seuls et constituait leur privilège.

Ils possédaient un terrain de concession royale situé rue de l'Hostel-de-Lorge. L'hôtel de Lorge était situé au coin de la rue du Vieux-Versailles, n° 14, et de la rue du Jeu-de-Paume actuelle. Ils s'associèrent avec un sieur Davesne, garde vaisselle du roi, pour acheter une pièce de terre contiguë. Puis ils s'occupèrent avec ardeur de la construction. Nous possédons les devis, datés de 1686, qui la précédèrent. Il sont curieux en ce qu'ils montrent avec quel soin l'opération fut conduite et expliquent la longue durée d'un édifice si fragile en apparence (1).

D'après les devis, les murs doivent avoir deux pieds et demi d'épaisseur, fondés *sur le bon terrain* (sic), revêtus à l'extérieur de pierres de taille de *Meüdon*, et, au dedans, d'assises de pierre de Saint-Leu. Le pavé sera de pierre de Caen, blanche, sans nul fil ni molière, bien posé droit et de niveau. La *charpenterie* est aussi détaillée avec un soin infini et sera reçue par M. de l'Espée, entrepreneur des bâtiments du roi à Versailles (le père d'une de nos illustrations versaillaises, le célèbre abbé de l'Espée). Le tout devait être parachevé dans quatre mois; ce qui eut lieu. Le plafond était peint en bleu et orné de fleurs de lys d'or. Les murs étaient peints en noir suivant l'usage pour qu'on vit mieux la blancheur des balles: un filet à hauteur de ceinture divisait la salle en deux; des galeries en garnissaient trois faces. Au-dessus de la porte, ouvrant sur la rue de l'Hôtel-de-Lorge, était sculpté en ronde bosse le soleil rayonnant, emblème choisi par Louis XIV dès 1662. Cette devise seule suffit pour indiquer que le roi devait se rendre au Jeu-de-Paume, quand on ne le saurait pas d'autre part. Seulement il est certain qu'il n'a pas pu

(1) V. les minutes de Bruneau, garde-notte suivant la cour à Versailles. — Etude Besnard, puis Chesnel, rue Satory, n° 17.

l'inaugurer, puisque l'année 1686 tout entière est occupée par la maladie, qui se termina le 18 novembre à la grande opération que Louis XIV subit et qui le retint au lit jusqu'au 11 janvier 1687 (1). Dangeau nous apprend, dans son journal, que ce fut monseigneur le Dauphin qui le premier honora le jeu de paume de sa présence.

Mardi, 3 décembre 1686, à Versailles, Monseigneur, dit-il, ne sortit point de tout le jour et joua l'après-dîner à la paume ; il y a un jeu de paume ici que des particuliers ont fait bâtir à leurs dépens et qui n'est achevé que depuis trois jours (I, 423).

Dangeau se montre ici aussi exact et aussi bien informé qu'à l'ordinaire. Le Jeu-de-Paume était, en effet, l'œuvre de Nicolas Cretté, de François Bazin et de Davesne, et il leur avait coûté 45,503 livres. Il fut achevé en 1686, l'année où l'église Notre-Dame de Versailles fut terminée. Plus tard Louis XIV se rétablit et il prit pour médecin Fagon. On sait que ce dernier lui conseilla la paume comme un salutaire moyen d'hygiène, et le roi suivit docilement les prescriptions de son médecin. Nous en trouvons la preuve dans les *Mémoires de Charles Perrault*.

Le roi, dit-il, jouoit *à la paume à Versailles*, et après avoir fini sa partie se faisait frotter au milieu de ses officiers et de ses courtisans, lorsque M. Rose (2), qui le vit de bonne humeur et disposé à entendre raillerie, lui dit ces paroles : « Sire, on ne peut pas disconvenir que Votre Majesté ne soit un très grand prince, très bon, très puissant et très sage, et que toutes choses ne soient très bien réglées dans son royaume, cependant j'y vois régner un désordre horrible dont je ne puis m'empêcher d'avertir Votre Majesté. — Quel est donc, Rose, dit le roi, cet horrible désordre ? — C'est, sire, reprit M. Rose, que je vois des conseillers, des présidents et autres gens de longue robe dont la véritable profession n'est pas de

(1) V. le *Journal de la santé de Louis XIV*, p. 176.
(2) Toussaint Rose, secrétaire du cabinet, servant par quartier avec MM. Bartet, Talon et Galand, reçu à l'Académie en 1675. Il passait pour avoir son franc parler avec le roi. Il avait la *plume*, c'est-à-dire le privilège de contrefaire la signature du roi.

haranguer, mais bien de rendre justice au tiers et au quart, venir vous faire des harangues sur vos conquêtes, pendant qu'on laisse en repos là-dessus ceux qui font une profession particulière d'éloquence; le bon ordre ne voudroit-il pas que chacun fît son métier et que Messieurs de l'Académie française, chargés tous par leur institution de cultiver le précieux don de la parole, vinssent vous rendre leurs devoirs en ces jours de cérémonie où votre Majesté veut bien écouter les applaudissements et les *cantiques* de joie de ses peuples.

Je trouve, Rose, dit le roi, que vous avez raison, il faut faire cesser un si grand désordre (1).

La paume n'a jamais été séparée de la gymnastique ni de l'hygiène. Aussi, à côté de la salle du jeu il y avait un établissement où les joueurs étaient reçus après la partie, et se couchaient ou se faisaient essuyer, frictionner devant un bon feu; c'est ce moment que saisit M. Rose pour présenter sa requête. Le roi est de belle humeur; il prend bien la plaisanterie; il sourit, mais gravement à la manière espagnole. Il y a là une scène qui n'est pas sans intérêt pour l'étude du caractère de Louis XIV, toujours majestueux et fastueux. Les faits nous paraissent s'être passés dans un petit bâtiment contigu au Jeu-de-Paume et existant encore lors de nos premières recherches.

Lorsque le roi, dit l'*Etat de la France*, jouoit à la paume, le porte-manteau présentoit d'une main les balles à Sa Majesté et gardoit son épée de l'autre.

Voilà pour l'étiquette.

Le roi payoit toujours tous les frais du jeu, soit qu'il gagnât, soit qu'il perdît, et le porte-manteau devoit avoir soin de faire donner par le maître du jeu de paume, à tous les officiers de la chambre et de la garde-robe, une collation honnête, si c'étoit l'après dîner,

(1) *Mémoires de Charles Perrault*, de l'Académie française, premier commis des bâtiments du roi, MDCCLIX.

on un déjeuner, si c'étoit le matin. Le roi payoit aussi tous les frais, quoiqu'il ne jouât pas, s'il avoit fait jouer devant lui. Indépendamment d'un traitement de 2,000 livres, le maître paumier avoit 50 francs pour chaque fois que le roi et le dauphin jouoient, plus un louis d'or à chaque fois qu'ils changeoient de raquette.

Voilà pour la magnificence. A ces conditions, la partie devait être un peu chère.

Pendant la régence, le jeu de paume a été déserté pour deux motifs : le régent avait éloigné son royal pupille de Versailles, et de plus le duc d'Orléans jouait au volant et non pas à la paume.

Le cardinal Fleury ne s'occupait ni de l'un ni de l'autre de ces jeux, mais il aimait à voir jouer à la paume. Le duc de Luynes nous en a conservé le souvenir en ces termes :

M. le cardinal alla mardi (septembre 1737) voir jouer à la paume ; c'est un amusement qui lui plaît beaucoup, et il est dans l'usage d'y aller au moins une fois chaque voyage de Fontainebleau. Les joueurs sont les deux Bunel, Perdrix et La Carte ; mais cela ne peut être comparé à Coras et Jourdain.

C'est à ce court passage que se réduisent les annales connues du Jeu-de-Paume de Versailles, pendant le règne de Louis XV. Sous Louis XVI, le sport anglais, qui commence à étendre son influence au delà du détroit, rend un peu de faveur à la paume. Le comte d'Artois s'y adonnait avec passion ; il était considéré comme un joueur de *seconde force*. La tradition rapporte qu'il aimait à jouer avec Pigrais ou Beschepoix, huissiers de la chambre du roi, renommés pour leur adresse à ce jeu. La tradition rapporte que lorsqu'ils n'étaient pas libres, il faisait volontiers sa partie avec des habitants de Versailles. Mais son adversaire habituel était le duc de Chartres. Voici quelques anecdotes qui se rapportent à ces deux princes :

M. Heymery, qui avait toujours habité Versailles et qui mourut à un âge très avancé (94 ans), vers 1840, ayant conservé toute sa tête, m'avait raconté divers détails sur le Jeu-de-Paume, le comte d'Artois et le duc de Chartres.

Il m'avait dit notamment qu'un jour il assistait à une partie entre le comte d'Artois et le duc de Chartres. La partie était très chère, l'assistance était nombreuse, les paris étaient ouverts. Avant qu'elle ne commençât, un inconnu s'approche de M. Heymery et lui dit : « Monsieur, voulez-vous que je vous indique un moyen sûr de gagner une grosse somme d'argent? — Lequel? — Pariez pour M. le duc de Chartres. — Mais M. le comte d'Artois est de seconde force et il pourrait bien gagner. — Non, il ne gagnera pas. — Comment le savez-vous? — J'en suis sûr. — Mais encore par quel motif? — C'est mon secret. — Alors vous me permettrez de ne pas suivre votre conseil. — A votre aise. Vous verrez si je vous avais trompé. » La partie fut perdue par M. le comte d'Artois. Il en perdit une seconde, une troisième.

M. Heymery alla retrouver l'inconnu et lui exprima son étonnement de la justesse de son pronostic. Vous n'avez pas voulu me croire, lui dit celui-ci; j'étais certain de ce que j'avançais, et maintenant que vous êtes suffisamment puni de votre incrédulité, je vais vous dire comment je savais à l'avance quel serait le résultat de la partie. Le duc de Chartres paie le marqueur pour qu'il lui fasse des avantages. Je l'ai surpris lui donnant en cachette de l'argent, et le garçon a été obligé d'en convenir avec moi.

Mais comment n'avez-vous pas prévenu M. le comte d'Artois? — Il n'a pas voulu me croire, comme vous et, comme vous, il a eu lieu de s'en repentir.

Les choses en restèrent là. M. Heymery me parla aussi de Pigrais et Beschepoix, les partners habituels du comte d'Artois. Il mourut.

Quelques années après, on parlait du fameux *Égalité* dans une compagnie où j'étais admis. Parmi les assistants se trouvait M. Rayon, ancien employé au ministère de la guerre.

Il dit que l'Égalité était aussi déloyal au jeu que dans ses relations politiques, et voici ce qu'il raconta :

« Après avoir été secrétaire de M. Daru, sous l'Empire, j'avais été fait prisonnier et interné en Russie. A la Restauration, je revins en France, et, grâce à la maison de Séran et de Narbonne, j'obtins un emploi secondaire au cabinet des grâces. J'étais chargé de classer toutes les pétitions qui étaient adressées à Louis XVIII et ensuite à Charles X. A l'époque où ce dernier monta sur le trône, il me passa par les mains un placet fort étrange.

« Un individu demandait à Charles X un secours, et, comme titre à sa bienveillance, il lui rappelait qu'un jour, au moment où il allait engager une partie de paume à Versailles contre le duc de Chartres, il l'avait prévenu que son adversaire trichait et s'entendait avec le garçon de paume; ce qui fut vérifié le jour même par le résultat de la partie (1). »

La note suivante, trouvée dans la correspondance de Marie-Antoinette avec son frère, tendrait à prouver que les bruits sur la déloyauté du duc de Chartres, comme joueur, étaient répandus de longue date à la cour, puisque, dès l'année 1778, il en était question entre eux :

Par exemple, on seroit bien surpris ici de voir nommer M. le duc de Chartres comme mauvais joueur : il n'a pas joué une seule fois du voyage chez moi (2).

Sans nous attacher à tracer la chronologie des différents propriétaires du Jeu-de-Paume, nous dirons seulement que le 5 septembre 1703, il avait été adjugé sur décret, c'est-à-dire après saisie, moyennant 16,600 livres; mais qu'en 1787 le prix s'était relevé et qu'il était estimé, après une expertise judiciaire, par Perrier et Devienne, architectes à Versailles,

(1) M. Heymery ne connaissait nullement M. Rayon.
(1) Mercy-Argenteau, *Correspondance de Marie-Antoinette*, vol. III, p. 157.

à la somme de 64,575 francs. L'immeuble appartenait indivisément à divers, et notamment à Jacques-Philippe Talma, bourgeois, demeurant à Versailles, oncle du célèbre tragédien de ce nom, et à M. de Molènes de Bar, écuyer, ancien gouverneur des pages de la chambre du roi, père ou grand-père de M. de Molènes, qui a laissé d'honorables souvenirs dans notre ville et s'est fait un nom comme criminaliste.

Le Jeu-de-Paume était loué verbalement au sieur La Taille, qui y faisait fort bien ses affaires, ainsi que nous l'a affirmé M. Heymery. Nous avons retrouvé dans les archives du bailliage de Versailles le rapport de Périer et Devienne, architectes, contenant les *visite, prisée et estimation* du jeu de paume, avec plusieurs plans et coupes à l'appui. Il est dressé avec une exactitude rigoureuse, mathématiquement et juridiquement parlant. Nous pouvons donc nous faire une idée de l'arène que le destin préparait à l'histoire. Nous copions :

> Le bâtiment du jeu de paulme contient seize toises quatre pieds neuf pouces de longueur sur six toises un pied six lignes de largeur, réduit dans œuvre, et de trente-un pieds de hauteur, du dessus du carreau quarré en pierre dure jusques sous le plancher formant le plafond du jeu de paulme, dont les murs de face, tant sur la rue que sur le jardin, sont élevés de dix-sept pieds sept pouces de hauteur, du dessus dudit carreau jusques sur la platte-forme qui reçoit les poteaux de charpente formant le surplus de l'élévation dudit jeu de paulme, et ayant douze pieds neuf pouces de hauteur.

C'était, dans œuvre, une aire de cent toises. (Vacat. du 18 juillet 1787, p. 105 du rapport.)

Deux portes en chêne, ouvrant sur la rue du Jeu-de-Paume, donnaient accès dans la salle ; la plus voisine de la rue du Vieux-Versailles, celle portant l'emblème de Louis XIV, était précédée d'un perron de trois marches en pierre. On accédait par deux autres portes de l'allée d'entrée dans la salle du jeu de paume.

Au pourtour du jeu de paulme, sur trois sens, régnoit une galleric de cinq pieds trois pouces de largeur et de huit pieds neuf pouces de hauteur sous la couverture en planches de sapin, disposée en appenti servant à donner l'effet au jeu des balles. Cette gallerie est ouverte de deux bayes servant d'entrée aux joueurs, lesquelles sont sans fermetures. Quatre autres bayes à hauteur d'appui, servant aux spectateurs, étant sans fermeture, mais garnies de filets. Sur la platte-forme posée sur lesdits murs, tant du côté de la rue que du côté du jardin, sont sept espaces ou intervalles formés par huit poteaux avec liens, formant huit arcades... En dehors, sur ledit jardin, est une gallerie contenant soixante-deux pieds de long sur trente pieds de largeur, construite en planches posées sur des potences de fer scellées dans le mur dudit jeu de paulme, avec un plancher de neuf pouces de haut posé de champ à la saillie dudit balcon, formant garde-fol et recevant le bas du filet qui retient les balles du jeu de paulme (1).

Nous demandons pardon pour ces détails techniques; ils ne sont pas inutiles lorsqu'on songe à l'évènement dont nous allons rendre compte sans plus tarder, et qu'ils font comprendre dans ses moindres détails. L'ampleur de la salle, la facilité de l'accès, les galeries préparées pour les spectateurs de cette grande scène, nous montrent dans le jeu de paume un amphithéâtre prédestiné au drame pacifique qui allait s'y dénouer.

(1) Page 107, 3ᵉ *Vacation*.

II

LE SERMENT

Pour comprendre l'origine et la portée du serment prêté dans le Jeu-de-Paume, il faut remonter à la convocation des Etats généraux.

Un arrêté rendu par le roi en son Conseil d'Etat, le 27 décembre 1788, décidait que :

Le nombre des députés du Tiers-Etat serait égal à celui des deux autres ordres réunis, et que cette proportion serait établie par les lettres de convocation (art. 3 de l'arrêté).

Il faut lire sur cet arrêt le rapport développé de Necker [1]. Après avoir longuement pesé les raisons pour et contre, il s'explique ainsi sur cette question particulière du doublement du Tiers :

Les richesses nobiliaires et les emprunts du gouvernement ont associé le Tiers-Etat à la fortune publique ; les connaissances et les lumières sont devenues un patrimoine commun ; les préjugés se sont affaiblis, un sentiment d'équité générale a été noblement soutenu par les personnes qui avaient le plus à gagner au maintien rigoureux de toutes les distinctions. Partout les âmes se sont animées, les esprits se sont rehaussés, et c'est à un pareil essor que la nation doit en partie le renouvellement des Etats généraux ; il n'eut point eu lieu ce renouvellement si, depuis le prince jusqu'aux sujets, un respect absolu pour les derniers usages eut paru la seule loi.

Necker se prononce donc pour la double représentation du

[1] *Monit.*, p. 503, édit. Plon.

Tiers. La conséquence logique, ç'eut été le vote par tête. Cependant il s'arrête et ne conclut pas. « L'ancienne délibération par ordre ne pouvait être changée que par le concours des trois ordres et par l'approbation du roi. »

Le discours du garde des sceaux, M. de Barentin, était plus explicite encore : « Le roi, disait-il, s'en rapporte au vœu des Etats pour la manière de recueillir les voix, *quoique celle par tête, en ne présentant qu'un seul résultat, puisse avoir l'avantage de faire mieux connaître le désir général.* »

La question n'était pas résolue par le pouvoir royal ; elle devait dès lors l'être par les Etats généraux, et elle se posa le lendemain de leur réunion à Versailles, c'est-à-dire le 6 mai 1789. Ce jour-là le roi fit connaître par un placard aux députés des trois ordres que son intention était qu'ils s'assemblassent dans le local destiné à les recevoir. Ce mot semblait de nature à dissiper tous les doutes : il n'en fut rien. Chacun l'interpréta dans le sens de ses prétentions : le clergé et la noblesse opinèrent pour la vérification par ordre et dans leur chambre particulière ; le Tiers-Etat occupa la grande salle. Il attendit pendant plus d'un mois, immobile et impassible. Il y eut là une lutte sourde mêlée de tentatives de conciliation, d'intervention de la cour, etc. Nous n'essaierons pas de la retracer. « Pour bien connaître la vérité, a dit un de ceux qui prirent part aux combats, il faudrait avoir pu siéger en même temps dans les conseils des deux armées, avoir connu tous les ordres du jour, leurs motifs, leur influence, souvent due au hasard, qui les a provoqués ou dictés(1). » Nous rappellerons seulement et brièvement : 1° que le 10 juin l'abbé Siéyes propose de tenter une dernière démarche auprès des représentants des classes privilégiées et de leur adresser une sommation de venir assister à la vérification commune des pouvoirs, faute de quoi l'appel général sera fait dans une heure et donné défaut contre les non compa-

(1) Alex. Lameth. *Histoire de l'Assemblée constituante*, vol. 1, p. 7.

rants ; ce qui eut lieu ; 2° que le 17 juin l'assemblée, délibérant après la vérification des pouvoirs, reconnaît qu'elle est composée par les quatre-vingt-seize centièmes de la nation ; en conséquence elle arrête qu'elle prendra le nom d'Assemblée nationale (motion de Siéyes ou de Legrand, suivant *le Point-du-Jour*, de Pison du Galland, selon d'autres) ; 3° que l'assemblée prête un serment ainsi conçu : « Nous jurons à Dieu, au roi et à la patrie de remplir avec fidélité les fonctions dont nous sommes chargés (1). »

Après cette cérémonie, on nomma provisoirement M. Bailly président de l'Assemblée, MM. Camus et Pison du Galland secrétaires.

Enfin l'Assemblée, pressée de sortir de son inaction, rendit plusieurs décrets d'urgence pour la perception des impôts, la fixation de la dette nationale, la recherche des causes de la misère publique et de la cherté des grains. « Les pygmées, selon l'expression d'un contemporain, allaient s'avancer à pas de géants. » Ces décisions firent monter les fonds publics. Montjoie l'atteste (2).

Pendant ce temps, le Clergé était revenu sur ses premières décisions. Trois curés d'abord, puis six autres s'étaient réunis au Tiers. Enfin la réunion à la chambre des communes fut arrêtée à la majorité de 149 votants contre 136 (19 juin 1789).

Cet événement était attendu avec une vive anxiété. « Une foule nombreuse de spectateurs, dit le journal *le Point-du-Jour*, remplissait la cour et les avenues de la salle nationale, impatiente de connaître la résolution du Clergé : plusieurs curés s'étant mis aux fenêtres (3) pour annoncer la majorité en faveur de la réunion, mille acclamations de *vive le roi !* se sont fait entendre. M. l'archevêque de Bordeaux, ainsi que M. l'évêque de Chartres, ont reçu en sortant beaucoup d'applaudissements, et les curés ont été obligés de recevoir les

---

(1) *Point-du-Jour*, t. I, p. 5.
(2) *Histoire de la Révolution*, Ier vol.
(3) Quelles fenêtres ? Celles donnant sur la rue Saint-Martin ?

embrassements de la plus grande partie des spectateurs. »
C'est ce qu'atteste aussi Bailly comme témoin oculaire (1).

L'enthousiasme du public se traduisit, dans le parti de la noblesse et de la cour, par un trouble et une fureur qui allaient jusqu'au vertige. Les plans de conciliation que Necker nourrissait en secret depuis quelque temps furent changés du tout au tout, tournés en sens inverse de leur destination primitive et appropriés subitement à un coup d'État antipopulaire. Le roi qui était à Marly fut circonvenu, les comtes de Provence et d'Artois, la reine elle-même intervinrent : leur désir aurait été la prompte dissolution des États généraux. Despréménil et quatre conseillers du Parlement, mandés extraordinairement, insistaient sur ce parti.

C'était là une grave entreprise et qui demandait réflexion. Cependant il fallait empêcher à tout prix la réunion du Clergé au Tiers, et il n'y avait pas un moment à perdre; des mesures furent donc immédiatement prises pour annoncer une séance royale, d'abord par des placards affichés à Versailles dans la nuit du 19 au 20 (2), plus tard par le cri des hérauts d'armes proclamant l'annonce de la séance dans les carrefours; enfin par une lettre adressée au nom du roi à M. Bailly, comme président du Tiers-État. Celui-ci demeurait à l'hôtel de la Poste-aux-Chevaux, sur l'avenue de Paris, n° 4, en face de la salle de l'assemblée. Déjà il avait été prévenu, à six heures et demie du matin, par un de ses amis, le chevalier de Pange, auquel on avait refusé l'entrée de la salle. Bailly se hâta d'y envoyer; on lui apprit que la salle des États était entourée de gardes-françaises; les affiches commençaient ainsi : DE PAR LE ROI. Bailly ne douta plus qu'il ne s'agit de la séance royale que l'on annonçait depuis plusieurs jours. Il se hâta de s'habiller et se rendit avec les secrétaires à la principale entrée donnant sur la rue des Chantiers; les portes étaient fermées et gardées par un groupe de soldats en armes; au devant

(1) *Mémoires*, I, p. 227.
(2) *Mémoires de Bailly*, page 127.

stationnait une grande foule au milieu de laquelle se trouvaient des députés attirés par l'espoir d'assister à la réunion du clergé. Bailly demande l'officier de garde; c'était M. le chevalier de Vassan, lieutenant des gardes-françaises (1). Il dit qu'il a ordre d'empêcher l'entrée de la salle à cause des préparatifs qui s'y font pour tenir lundi une séance royale. Bailly proteste contre l'empêchement mis à une séance indiquée dès le jour d'hier (le 19 juin), et il la déclare tenante. M. de Vassan ajoute que ses ordres ne vont pas jusqu'à empêcher les députés de prendre les papiers qui leur sont utiles, et il ouvre la grille à Bailly et à ses secrétaires. Ils entrent avec une douzaine de députés. Ils peuvent ainsi se convaincre que les bancs de la salle ont été enlevés ainsi que la balustrade, et que les cours intérieures sont remplies de soldats. Au bout de quelques instants, environ un quart d'heure, ne voulant pas compromettre M. de Vassan qui s'était montré envers eux d'une courtoisie parfaite, ils restent assemblés dans un bureau voisin de la salle des États, et ils rejoignent dans l'avenue les députés restés au dehors. Ils étaient en grand nombre, les trois quarts des députés des Communes. Une première discussion confuse s'engage. Tous voulaient que l'assemblée se constituât, mais où? Les avis étaient divisés. Les uns voulaient se réunir dans la grande galerie ou sur la place d'Armes, en face du château; les autres proposaient d'aller tenir la séance à Marly, lorsqu'une voix se fit entendre : *Rendons-nous au Jeu-de-Paume* de la rue Saint-François ! Cette voix était celle du docteur Joseph-Ignace Guillotin, un homme d'initiative (2). L'avis qu'il ouvrait parut bon et Bailly s'empressa de le suivre. « Je marchais, dit-il, à la tête de cette foule de députés, qui d'abord étaient sépa-

(1) *État militaire de la France de* 1789, par de Roussel, p. 127. Vérifié par nous aux archives du ministère de la guerre, ce nom a été estropié de diverses manières aussi bien que le titre. M. de Vassan a pu devenir comte; il ne l'était pas alors et n'était encore que *chevalier*.

(2) C'est à lui qu'est due la création et la dénomination de l'Académie de médecine.

rés par pelotons et qui peu à peu s'étaient réunis. Dans la crainte que quelque raison politique ne nous en fît fermer l'entrée, je priai cinq ou six députés de se détacher et d'aller s'en emparer, » probablement sous la conduite de Camus et de Pison du Galland.

Deux routes conduisaient au Jeu-de-Paume : l'avenue de Paris, la place d'Armes et le coude de la rampe ou la rue Saint-Martin et l'avenue de Sceaux (1). Il est probable que le gros de la troupe prit l'avenue de Paris et que les envoyés de Bailly arrivèrent par l'autre voie plus directe et moins périlleuse. Le Jeu-de-Paume était libre. Bailly n'ayant pas de gardes à sa disposition avait prié deux députés de se placer à la porte pour empêcher les étrangers d'entrer, mais bientôt les gardes de la prévôté de l'hôtel vinrent demander à continuer leur service ordinaire, ce qui leur fut accordé avec plaisir.

Une porte mise en travers sur deux tonneaux servit de bureau au président, les secrétaires se placèrent devant deux établis de menuisier. Bailly refusa un siège : il ne voulut pas s'asseoir devant l'assemblée debout.

Les écrivains modernes ont souvent décrit le Jeu-de-Paume comme un lieu triste, laid, pauvre, démeublé. Les contemporains n'ont pas commis cette erreur, et l'on ne trouve rien de semblable dans leurs ouvrages. La salle était revêtue d'une teinte sombre, c'était une des nécessités du jeu ; il en était de même de l'absence de meubles, qui ne pouvaient y trouver place sans gêner les joueurs. Nous savons par le procès-verbal des experts quelle était en 1787 la valeur de l'édifice, et par un témoin oculaire, M. Heymery, qu'il était bien tenu. Il était fréquenté par les premiers princes du sang et par les gens de cour. Le plafond était peint en bleu, semé de fleurs de lys d'or ; au centre étaient les armes de France : c'est dans

(1) La communication entre les deux quartiers n'était pas encore percée. L'avenue appelée successivement de Berry, de la Mairie et aujourd'hui Thiers, n'existait pas.

ce contraste précisément qu'est l'intérêt. Dans ce gymnase royal, transformé en forum, la nation allait tenir ses premières assises, comme les protestants tenaient leurs assemblées dans les jeux de paume aux premiers jours de la Réforme. « Le lieu s'agrandit, a dit Bailly très incorrectement, mais éloquemment, par la majesté qu'il contenait. » Les galeries se remplirent de spectateurs, la foule entoura la porte et stationna dans les rues à une grande distance, tout annonça que c'était la nation qui honorait le Jeu-de-Paume de sa présence.

Les députés arrivèrent successivement. Vers dix heures et demie l'assemblée était complètement formée. Une idée préoccupait tous les esprits. On craignait que la cour ne voulut dissoudre les Etats généraux, et l'on voyait dans ses agissements le prélude d'un lit de justice. Mais la longue lutte des parlements avait disposé à la résistance, et les députés avaient la conscience que leur pouvoir était supérieur à celui de simples magistrats. Lors donc qu'ils se trouvèrent ensemble, ils se félicitèrent, s'enhardirent dans leur résolution et se promirent de ne plus se séparer. Telle fut la première impression générale. Lorsque le silence se fut établi, Bailly donna lecture de deux lettres qu'il avait reçues dans la matinée du marquis de Brezé comme grand maître des cérémonies (1). L'assemblée pensa qu'une lettre du grand maître des cérémonies n'était pas suffisante et qu'il aurait fallu une lettre du roi lui-même au président de l'assemblée pour lui faire connaître ses intentions, si tant est qu'il eut le droit de suspension ou de dissolution. Cette dernière question n'était pas mûre, elle resta réservée, mais il en était une autre qui ne pouvait s'ajourner. Une dissolution de vive force restait toujours à craindre. Le danger n'était point passé, comment le prévenir pour le lendemain ou le jour même ? Une discussion orageuse s'éleva, les plus ardents voulaient que l'assemblée se rendit à Paris à pied et en corps pour se

(1) Voir ces lettres aux pièces justificatives.

mettre à l'abri de nouvelles attaques derrière la population d'une grande ville. Déjà la motion allait être écrite lorsqu'un député proposa à l'assemblée de se lier par un serment qui lui servirait de garantie contre toute entreprise violente. L'honneur de cette motion, qui eut le plus grand succès, appartient à Mounier, député de Grenoble. L'idée adoptée en principe, Barnave et Le Chapelier rédigèrent la formule du serment, laquelle était ainsi conçue :

> Nous jurons de ne jamais nous séparer et de nous réunir partout où les circonstances l'exigeront, jusqu'à ce que la Constitution du royaume soit établie et affermie sur des fondements solides.

Bailly, monté sur une table, en prononça les termes si distinctement que sa voix put être entendue jusqu'au dehors dans la rue. Tous les députés répondirent affirmativement d'une voix unanime, puis chacun d'eux vint apposer sa signature au procès-verbal. Pour procéder à cette opération, on fit l'appel des bailliages et sénéchaussées, en suivant l'ordre alphabétique. C'est pour cela que les premiers noms que l'on trouve sur les procès-verbaux sont ceux des députés d'Agen, d'Aix, etc. M. le comte de Mirabeau, comme député de la sénéchaussée d'Aix, signa le quatrième.

Au moment de cette signature du procès-verbal, un incident inattendu s'éleva. Un député de la sénéchaussée de Castelnaudary, nommé Martin d'Auch, fit suivre son nom de ce mot : *Opposant*. Une immense clameur s'éleva et une vive agitation s'ensuivit. Bailly la calma, et, conformément à son avis, l'opposition du député de Castelnaudary, quoique isolée, fut respectée en témoignage de liberté. A cette sorte d'improbation il y eut des compensations. Deux membres malades se firent apporter au Jeu-de-Paume, notamment Maupetit (de la Mayenne). Plusieurs curés, qui n'étaient pas du Tiers, se joignirent à la manifestation, entre autres MM. Grégoire, Lecesve, Jallet, Dillon (1).

(1) Il n'y avait de curés que M. Le Cesve, M. Dillon, M. Grégoire et moi (le curé Jallet). M. Clerget et M. Joubert y vinrent l'après-midi. (Journal du curé Jallet, 96.)

Le procès-verbal fut rédigé en double : l'un d'eux est de l'écriture très reconnaissable de Camus. Il est déposé aux Archives générales et fait partie de la grande collection reliée des pièces sur nos assemblées. (Section Législative.)

L'autre est conservé aux Archives du palais Bourbon. Il doit être de la main de Pison du Galland ; il ne nous a pas été donné de le voir (1).

Le jour qui suivait le 20 juin 1789 était un dimanche, la séance du Jeu-de-Paume ne put donc avoir lieu le lendemain.

Selon le marquis de Ferrières :

La cour voulut profiter de ce retard en cherchant un moyen d'empêcher Messieurs du Tiers de se rassembler : on crut qu'il suffisait de leur faire fermer l'entrée du Jeu-de-Paume de la rue Saint-François. Le comte d'Artois envoya dire au maître du jeu qu'il jouerait à la paume le lendemain.

Cet homme intimidé et auquel on avait durement reproché sa condescendance de la veille, prévint Messieurs du Tiers qu'il ne pourrait pas leur prêter sa salle pour tenir leur séance. Cette petite niche d'écolier tourna encore à la confusion de ceux qui

---

(1) Au double des Archives est annexé un document singulier intitulé : *La Sonnette du Jeu-de-Paume*. Certains passages sont écrits à l'encre rouge ; nous les reproduisons en *italiques*.

« O vous, bons citoyens, à qui le désir du bien public a inspirés (*sic*) tant d'énergie au moment où l'on a tenté *d'enchaîner votre activité*, je me consacre désormais à votre service.

« Que je m'applaudis de vous avoir *ralliés*, de vous avoir *ramenés sans peine à l'ordre* à l'instant même où l'on cherchait à vous séparer Puissent mes sons retentir à jamais dans vos cœurs ! Et si j'ai pu vous être utile dans un temps de troubles et de périls, faites que je ne reste pas MUETTE lorsque le calme et la paix seront rendus à cette auguste et imposante assemblée. »

Séance du samedy 20 juin 1789.

PAR UN CITOYEN DE VERSAILLES.

Ce papier a été trouvé attaché à la sonnette du président à la séance du Jeu-de-Paume. (*Note de la main de Camus*) (*).

(*) On lit dans le *Point-du-Jour* du 29 juin, p. 60 : « On raconte que le président de la minorité du Clergé, voulant le matin rappeler à l'ordre, s'est aperçu qu'il y avoit dans l'intérieur de la sonnette, à la place du battant, l'inscription suivante : *Vox clamans in deserto*. Bailly, p. 313. »

l'employèrent. Messieurs du Tiers demandèrent l'église Saint-Louis (1).

Bailly donne du même fait une explication plus sérieuse que celle du noble marquis :

> La salle étant toujours fermée, je réunis chez moi MM. les secrétaires et un nombre de députés pour savoir ce que nous avions à faire. Il fut décidé que la séance que j'avais indiquée pour lundi devait avoir lieu. On avait pour ce jour l'espérance de la réunion de la majorité du Clergé, réunion arrêtée par sa délibération du vendredi. On jugea que le Jeu-de-Paume n'était pas un lieu convenable pour que *le Clergé vînt nous y trouver*, et comme il était du plus grand intérêt que rien ne retardât cette réunion imposante, on chercha un autre local (2).

Nous préférons de beaucoup cette raison a celle alléguée par M. de Ferrières. L'adhésion du Clergé était un point capital dans la situation donnée, et il était évident qu'il viendrait plutôt se réunir au Tiers dans une église que dans un jeu de paume. On proposa donc l'église des Récollets, mais elle fut trouvée trop petite et incommode ; les religieux d'ailleurs ne se montrèrent pas bien disposés pour l'Assemblée. Ils craignaient de se compromettre auprès de la cour qui les faisait vivre (3).

On pensa alors à l'église Saint-Louis, et c'est là que les membres de l'Assemblée se réunirent sur les offres des marguilliers de préparer tout ce qui serait nécessaire dans l'église paroissiale de Saint-Louis, sans opposition de la part du curé Jacob (4).

Il était environ onze heures ; une foule immense remplissait l'église.

(1) *Mémoires du marquis de Ferrières*, page 56.
(2) *Mémoires de Bailly*, page 252.
(3) Suivant le curé Jallet, ils auraient employé une ruse assez plaisante pour détourner l'orage qui les menaçait. Ils dirent que le marquis de Brezé avait annoncé que la salle était libre et que l'on pouvait y tenir la séance. Tout le monde s'empressa de s'y rendre et les Récollets fermèrent leur église. (Page 96, *Journal inédit*, Fontenay-le-Comte, 1871.)
(4) Voir Hardy, *Journal de mes loisirs*.

M. le président donna connaissance des lettres qui lui avaient été écrites par le roi et transmises par M. de Brezé, pour annoncer que la séance royale était renvoyée au mardi 23.

On lut ensuite le procès-verbal de la séance tenue au Jeu-de-Paume. On admit au serment tous les membres de l'Assemblée nationale qui, pour cause d'absence ou de maladie, n'avaient pu se trouver au serment général, et le nombre en était considérable (*Point-du-Jour*, p. 31).

Vers midi et demi, Bailly annonça que la majorité du Clergé allait se rendre dans l'assemblée à une heure.

Aussitôt les membres de l'Assemblée nationale, qui occupaient le haut de la nef, s'empressèrent de céder leur place « comme étant la plus distinguée. »

Bientôt après on annonça Messieurs du Clergé. Ils se rendirent d'abord dans le chœur où fut fait l'appel des 149 membres signataires de la délibération du vendredi 19 juin pour la vérification commune.

Les noms de l'archevêque de Vienne (M. Lefranc de Pompignan), de l'archevêque de Bordeaux (M. Champion de Cicé), de l'évêque de Chartres (M. de Lubersac), de l'évêque de Coutances (M. Talaru de Chalmazel), de l'évêque de Rhodez (M. Seigneley de Colbert), et autres ecclésiastiques, furent reçus avec de grands applaudissements.

Ensuite le chœur fut ouvert, les ecclésiastiques entrèrent et occupèrent les places qui leur appartenaient.

Un discours touchant fut prononcé par l'archevêque de Vienne; Bailly répondit et termina par cette phrase remarquable dans sa bouche : « Les noms écrits dans cette liste précieuse (ceux du Clergé ayant voté pour la réunion) devraient être écrits en lettres d'or. Songeant à l'union qui s'effectuait, je les comparais à la jonction de deux grands fleuves qui mêlent leurs eaux pour aller ensemble fertiliser les campagnes. » Ce ton élevé, cette métaphore peu ordinaire dans le style de Bailly, prouvent qu'il sentait vivement l'importance de l'accession des membres du Clergé (1).

L'Assemblée entra aussitôt en matière et procéda à la vérification des pouvoirs des deux ordres unifiés. Deux membres de la noblesse, M. le marquis de Blacons et M. le comte d'Agoult, députés du Dauphiné, se présentèrent pour faire vérifier leurs pouvoirs en commun et furent reçus au milieu des acclamations.

Target termina la séance par une petite improvisation où se trouve une inspiration heureuse :

« Messieurs, dit-il, dans ce jour consacré pour jamais dans la mémoire des hommes, dans ce jour que la Providence semble avoir voulu rendre plus solennel, *en convertissant le Temple de la religion en Temple de la patrie*, il n'est point d'événement heureux pour elle, qu'on ne doive s'empresser de communiquer au meilleur des rois; je vous prie donc, Messieurs, de voter pour que la liste honorable que le clergé vient de vous remettre soit mise sous les yeux du roi, comme la marque de notre respect et le gage du bonheur public. »

La séance fut ensuite levée et renvoyée au lendemain.

La constitution du Tiers en assemblée nationale, le serment du Jeu-de-Paume et la réunion du Clergé dans l'église Saint-Louis formaient une trilogie imposante qui aurait dû ouvrir les yeux au parti de la haute aristocratie. Mais ces hommes n'étaient-ils pas les mêmes qui avaient fait échouer l'Assemblée des notables par leur incurable esprit de résistance ? Persistant dans leur aveugle confiance en un coup d'État, ils attendaient tout de la séance royale annoncée. Ils se flattaient de voir anéantir des députés qu'ils traitaient de factieux. Au dire d'un témoin oculaire impartial, leur présomption était peinte dans leur attitude. « Le jour de la séance

---

(1) Suivant lui, il aurait dit, dans la sensibilité dont il était affecté : « *Il faut l'imprimer en lettres d'or*, » p. 258.

royale, j'étais au palais pour voir défiler toute cette magnifique procession, je me souviens des regards hostiles et triomphants de plusieurs personnes qui se rendaient au château : la victoire leur semblait déjà décidée. Je vis sortir les ministres du roi ; ils voulaient paraître tranquilles, leur émotion perçait malgré eux ; l'attitude du comte d'Artois était pleine de fierté ; le roi paraissait morose ; la foule était grande et le silence profond (1). »

« Les prévisions étoient si menaçantes que des exprès furent envoyés jusqu'à Nantes, annonçant la nécessité où se verroit peut-être l'assemblée de rechercher un refuge dans quelque ville éloignée. » (A. Yung, *Voyage en France*.)

« Le bruit couroit que l'intention de la cour étoit de faire arrêter un député par chaque bailliage pour les retenir en otages dans l'intérieur du château de la Bastille, où l'on avoit vu arriver un grand nombre de lits et une grande quantité de matelas. » (Hardy, *Journal de mes loisirs*, etc.)

Des mesures conformes aux projets qui étaient dans l'air avaient été prises. On évalue à 4,000 hommes le nombre des soldats massés dans l'avenue de Paris. Des détachements de gardes françaises, de Suisses, de gardes de la prévôté de l'hôtel, sans parler de la maréchaussée, étaient échelonnés sur les bas-côtés de l'avenue et avaient ordre de séparer les députés qui se rendraient ensemble à l'Assemblée. La circulation était interrompue depuis la grille d'octroi de l'avenue de Paris jusqu'à l'hôtel des Menus.

Une dernière faute fut commise, renouvelée du 5 mai où déjà elle avait été remarquée. Les deux premiers ordres furent introduits par la grille donnant sur l'avenue de Paris et commodément installés, pendant que les députés des communes attendaient au dehors, exposés à une pluie battante, dans la rue des Chantiers. L'entrée qui leur avait été assignée existe encore. Bailly a raconté avec détails la durée

(1) Dumont, *Souvenirs sur Mirabeau*, page 91.

de cette attente prolongée et calculée. La porte ne fut ouverte que sur la menace expresse de se retirer (1).

Le roi, en entrant, se plaça sur le trône, environné des princes, des pairs, des grands officiers de la couronne.

Dans le milieu de la salle était le roi d'armes et ses quatre hérauts.

Les ministres étaient placés sur des tabourets, autour d'une longue table.

Necker était absent : déterminé à quitter le ministère, il n'avait pas voulu, a-t-il dit, adhérer ostensiblement à une démarche absolument contraire à ses vues et à ses conseils (2).

Cette absence fit une sensation profonde et produisit un effet sinistre. Un autre incident, qui se place à l'arrivée des communes, indique à quel point les esprits étaient exaltés. L'avocat Linguet, qui n'était pas membre des Etats, s'étant présenté en bourse et en épée, fut dénoncé par un des membres du Tiers, quoiqu'il fut dans les tribunes ; tous demandèrent qu'on expulsât un homme qui avait fait *l'éloge du despotisme, conseillé la banqueroute et calomnié jusqu'au pain.* Il fut obligé de sortir de la salle (3).

Le roi prit la parole. Il s'adressa d'abord à la « sensibilité » de ses auditeurs. Il se plaignit des retards et des lenteurs des Etats généraux qui, ouverts depuis deux mois, n'avaient encore pu s'entendre sur les préliminaires de leurs

---

(1) M. de Brezé s'excusa en disant que l'entrée des députés du Tiers avait été retardée par la mort subite de M. Paporet, secrétaire du roi, et par la nécessité où l'on avait été de lui administrer des secours. On publia à cette époque un Dialogue entre Louis XVI et M. Paporet ou Réflexions sur la séance royale du 23 juin 1789. (V. à la Bibl. nat.)

(2) Necker, Révolution française, page 288.

(3) Lettre sur la séance royale du 23 juin 1789. Prix : 6 sous. 1791 Montjoie parle aussi de la présence de Linguet et de la protestation qu'elle occasionna. Il en donne une autre raison. Il avait coopéré aux travaux des ministres. On le pensait du moins et on crut qu'il venait jouir du fruit de son travail et narguer ceux parmi lesquels il prenait place. On exigea son expulsion ; elle fut ordonnée ; il sortit. (*Histoire de la Révolution*, t. II, p. 622.)

opérations. Il ne voulait faire de reproches à personne, mais il s'adressait à l'esprit de conciliation de tous.

Après quoi M. de Villedeuil lut une déclaration du roi en quinze articles.

Par le premier, l'ancienne distinction des trois ordres délibérant séparément était maintenue. En conséquence, étaient cassées comme illégales et inconstitutionnelles les résolutions du Tiers prises le 17, ainsi que celles qui auraient pu s'ensuivre.

Par la dernière, les séances des Etats généraux étaient déclarées non publiques.

Le roi reprit la parole une deuxième fois. Après une courte allocution assez autoritaire et personnelle qui n'émanait pas évidemment de lui, il fit lire une seconde déclaration en trente-six articles. A part des réglementations de détail sur les mesures financières, c'était le maintien pur et simple de l'ancien régime : lettres de cachet, censure de la presse, etc. On remarqua surtout cet article qui consacrait l'existence du régime féodal avec tous ses abus :

> Toutes les propriétés, sans exception, seront constamment respectées, et Sa Majesté comprend expressément sous ce nom de propriétés les dîmes, cens, rentes, droits et devoirs féodaux et seigneuriaux, et généralement tous les droits et prérogatives utiles et honorifiques attachés aux terres et aux fiefs ou appartenant aux personnes.

Ceci dit, le roi reprit la parole une troisième fois et ordonna d'un ton impérieux et cassant que les trois ordres eussent à se séparer et à se dissoudre ; puis il se retira.

Cette besogne royale faite, Louis XVI croyait que tout était terminé : au contraire, le drame allait commencer, menaçant, formidable. Après la retraite des deux ordres privilégiés, les députés des communes étaient restés dans la salle, immobiles et silencieux. Au bout d'un quart d'heure, le grand-maître des cérémonies, s'approchant du président, lui dit : Monsieur, vous avez entendu les intentions du roi? Bailly lui répondit d'un ton noble et ferme : Monsieur, l'assemblée s'est ajournée après la séance royale; je ne puis la séparer sans qu'elle en ait délibéré (1). — Est-ce là votre réponse et puis-je en faire part au roi? — Oui, Monsieur. Et Bailly, s'adressant à ses collègues, ajouta : « Je crois que la nation assemblée ne peut pas recevoir d'ordre. » C'est alors que Mirabeau, sur l'insistance de M. de Brezé, prononça l'apostrophe restée célèbre : *Oui, Monsieur, nous avons entendu les intentions qu'on a suggérées au roi, et vous qui ne sauriez être son organe auprès des États généraux, vous qui n'avez ici ni place, ni voix, ni droit de parler, vous n'êtes pas fait pour nous rappeler son discours. Cependant, pour éviter tout équivoque et tout délai, je vous déclare que si l'on vous a chargé de nous faire sortir d'ici, vous devez demander des ordres pour employer la force, car nous ne quitterons nos places que par la puissance de la baïonnette* (2).

Alors, d'une voix unanime, tous les députés se sont écriés : *Tel est le vœu de l'assemblée* (3).

(1) Bertrand de Molleville s'écrie que c'est là *un grossier mensonge*, p. 211. Le *Point-du-Jour* prouve que la vérité était du côté de Bailly et que le *lundi* l'assemblée avait été renvoyée au lendemain, heure ordinaire.

(2) Bailly en a contesté la légitimité et la convenance, *Mém. de Bailly*, p. 273. « Le président, a-t-il dit, avait seul le droit de prendre la parole..., et d'ailleurs avait-on parlé de baïonnettes, avait-on annoncé la force, était-il échappé une menace de la bouche de M. de Brezé ? Non. » Nous ne pouvons adopter cette critique : Bailly reconnaît lui-même qu'il s'était adressé à ses collègues, placés à ses côtés. Il les autorisait donc à lui répondre. On n'avait pas parlé de baïonnettes; on avait fait bien mieux, on en avait entouré l'Assemblée. L'ordre, la menace étaient dans la situation, dans la bouche du roi, dans la tentative faite après son départ pour se mettre en possession de la salle. On sait que des ouvriers commencèrent à la démeubler. Bailly reconnaît *leur avoir fait donner l'ordre de suspendre*. Que serait-il arrivé s'ils avaient passé outre? Le conflit éclatait; le mot de Mirabeau était justifié.

Longtemps avant le 23 juin 1789, une situation analogue avait provoqué une réponse semblable. On lit dans l'*Histoire des Hussites*, 1599 : « Allez dire à votre maître, répondit Hutter aux officiers de Sigismond, roi de Bohême, que nous ne voulons point nous en aller, et que s'il a encore soif de notre sang, il n'a qu'à venir, nous l'attendrons.

(3) 13ᵉ Lettre du comte de Mirabeau à ses commettants, p. 7 et 8. — *Courrier de Provence*.

M. de Brezé s'étant retiré, M. Camus fit la motion de persister dans les précédents arrêtés. Cette motion fut habilement et fortement soutenue par M. Barnave et passa à l'unanimité.

Le *Point-du-Jour* entre ici dans quelques détails qui méritent d'être reproduits (1) :

M. de Mirabeau, en adoptant la motion de M. Camus, a ajouté qu'il bénissoit la liberté de ce qu'elle mûrissoit de si beaux fruits dans l'Assemblée nationale, qu'il étoit d'avis qu'il fut arrêté que la personne des députés aux Etats généraux serait inviolable. Ce n'est pas manifester, dit-il, une crainte, c'est agir avec prudence, c'est un frein contre les conseils qui entourent le trône.

Les deux motions furent appuyées avec énergie et éloquence par Petion et Buzot, par Garat l'aîné et l'abbé Grégoire. Siéyes prononça un long discours dont on n'a retenu que ces simples et fortes paroles : « Messieurs, vous êtes aujourd'hui ce que vous étiez hier. »

La seconde motion fut adoptée à la pluralité de 493 voix contre 34.

La délibération avait eu lieu devant plusieurs officiers des gardes françaises et de gentilshommes députés de la noblesse, qui étaient demeurés tranquilles spectateurs (2).

A trois heures l'assemblée s'ajourna au lendemain.

Le grand maître des cérémonies avait couru rapporter au roi le refus des communes de sortir de la salle des Etats.

---

(1) Camus, entendu comme témoin dans l'affaire de M. de Besenval, devant le Châtelet, a donné d'intéressants détails sur la séance du Jeu-de-Paume et sur la séance royale du 23 juin. (V. *Moniteur* du 29 janvier 1790.)

Il atteste notamment que M. de Rennecourt, lieutenant de la prévôté de l'hôtel, lui ayant offert la clef ouvrant une porte intérieure, qui faisait communiquer les communes avec les deux autres ordres, avait été mis aux arrêts le lendemain pour ce fait.

Il raconte aussi qu'au moment où Bailly, le bureau du Tiers et quelques autres députés, sortaient de la salle où ils avaient été admis momentanément le 20 juin au matin, on fit ranger les troupes en haie pour empêcher qu'on ne put entrer dans la cour qui précédait la salle. (*Loc. citat.*)

(2) *Point-du-Jour*, p. 44.

Louis XVI aurait répondu : « Si Messieurs du Tiers ne veulent pas quitter la salle, *il n'y a qu'à les y laisser*, » ou, suivant le journal du curé Jallet, « qu'ils y restent, f..... » Quoique ce malheureux prince ait donné bien d'autres preuves de cette faiblesse apathique qui le conduisit à sa perte, nous doutons de cette parole qui n'est rapportée que par M. de Ferrières. Nous préférons croire que l'ordre fut donné aux gardes du corps de se ranger devant l'assemblée, mais lorsqu'on sut que le décret sur l'inviolabilité était rendu es gardes du corps reçurent un contre ordre et durent se retirer dans leurs casernes.

Le haut Clergé et la Noblesse, toujours abusés, se rendirent au château pour remercier le comte d'Artois auquel on devait la séance royale. Il reçut leurs félicitations avec affabilité, parlant modestement de ce qu'il avait fait (1). Monsieur se récusa. Ils montèrent ensuite chez la reine. Ce n'était pas à elle qu'on avait le moins d'obligations. Elle parut avec ses enfants. « Tableau délicieux d'une mère ! douce expression de la nature ! la reine présenta M. le Dauphin aux députés, leur disant qu'elle le donnait à la noblesse, qu'elle lui apprendrait à le chérir, à le regarder comme le plus ferme appui du trône » (2).

Ces sentiments n'étaient pas ceux des gens qui ne se payaient pas de vaines paroles. Sous ce costume brillant de la noblesse et ce déploiement du faste royal, ils apercevaient les symptômes d'une cérémonie funèbre. Mirabeau, informé de la véritable origine de la séance royale, fit entendre ces

(1) *Mémoires de Ferrières*, p. 60.
(2) Ferrières, 1810. Nous avons consulté un récit manuscrit de ces événements. Il est in-4° et doit avoir été rédigé par un membre de la noblesse, malheureusement inconnu. On voit que l'auteur était partisan des idées nouvelles. Cependant lorsqu'il arrive au serment du Jeu-de-Paume, il n'en prononce pas le nom, il ne fait pas la moindre mention de cette célèbre journée. Il remplace les détails de l'événement par une page empruntée au roman de Numa Pompilius, par M. le chevalier de Florian. Il y a une lointaine allusion dans le discours que Numa tient aux patriciens pour les réconcilier avec les plébéiens. (Ce manuscrit appartient à la vaste collection de M. de La Sicotière.)

paroles tristement prophétiques : « C'est ainsi qu'on mène les rois à l'échafaud (1)!... » Et voici en effet le premier article de la mise en accusation de Louis XVI :

> Vous avez, le 20 juin 1789, attenté à la souveraineté du peuple en suspendant les assemblées des représentants et en les repoussant, par la violence, du lieu de leurs séances; la preuve en est dans le procès-verbal dressé au Jeu-de-Paume de Versailles par les membres de l'Assemblée constituante...
>
> Le 23 juin, vous avez voulu dicter des lois à la nation ; vous avez entouré de troupes ses représentants, vous leur avez présenté deux déclarations royales éversives de toute liberté et vous leur avez ordonné de se séparer ; vos déclarations et les procès-verbaux de l'Assemblée constatent ces attentats.

C'était l'accomplissement du mot de Mirabeau dont l'esprit clairvoyant était obsédé par des visions d'une fin violente pour la royauté.

Silvain Maréchal a dit aussi dans son *Almanach républicain* (p. 70).

> 20 juin. — Serment du Jeu-de-Paulme à Versailles.
> Deuxième jour de la souveraineté du peuple français.
> 23 juin. — Séance royale.
> Dernier jour de la monarchie française.

La légitimité de la séance du 20 juin a toujours été contestée par les écrivains royalistes. Ils se fondaient sur l'absence de deux des ordres des Etats, sur le défaut d'autorisation du roi. Mais le serment du 20 juin a eu une seconde édition peu connue, et qui pourtant a son importance, car l'irrégularité de la première séance est couverte et la ratification, émanant d'une assemblée régulièrement constituée, l'objection précédente tombe. Expliquons-nous.

Le 17 février 1790, la division de la France en départements était terminée. M. de Cazalès prit habilement cette occasion, ou, pour mieux dire, ce prétexte pour que l'assem

(1) Dumont, p. 97.

blée fixât l'époque à laquelle une nouvelle législature serait convoquée. Le côté droit espérait ainsi se ressaisir des municipalités, il comptait sur les mécontentements que les nouvelles délimitations départementales avaient dû faire naître pour obtenir l'envoi de nouveaux députés moins hostiles à l'aristocratie. Mirabeau sentit le coup et s'écria : « Je demande à faire une observation fort simple. Nous sommes liés par le serment mémorable et solennel de ne pas nous séparer avant que la constitution ne soit terminée,... etc. » M. de Cazalès répliqua. Une discussion longue et intéressante s'en était suivie lorsqu'un M. Lucas profita d'un moment de silence pour jeter au milieu de l'Assemblée les paroles suivantes : « Je n'étais point à l'Assemblée le 20 juin, lorsqu'on a prêté le serment de ne pas se séparer avant l'achèvement de la constitution. — Je le prête. »

Grands applaudissements dans la salle et dans les tribunes.

M. de Menou : « Je demande que tous ceux qui n'ont pas prêté le même serment le prêtent sur-le-champ. »

La grande majorité de l'Assemblée se lève et prête le serment.

Dom Gerle, *chartreux*... « Désespéré de ne pas m'être trouvé à l'Assemblée le 20 juin, jour auquel vous avez prêté le serment de ne vous séparer qu'après avoir terminé la constitution, je viens jurer de ne me séparer de vous qu'après la confection de cet important ouvrage. — Je le jure. »

Le *Moniteur* ajoute : Le serment de dom Gerle est vivement applaudi et les escaliers de la tribune sont assiégés d'un nombre infini de membres qui, à l'exemple de ce religieux, renouvellent le même serment.

Bornons-nous, quant à présent, à constater la déclaration de dom Gerle. Elle est formelle, et dans sa bouche il ne pouvait y avoir d'erreur : il n'a pas prêté le serment du 20 juin ; il n'était pas au Jeu-de-Paume.

III.

PREMIER ANNIVERSAIRE DU 20 JUIN 1790

APPOSITION D'UNE PLAQUE EN BRONZE

PORTANT LE SERMENT GRAVÉ.

Après le 20 juin 1789, le Jeu-de-Paume devint l'objet d'un véritable culte. Le *Temple du serment* eut ses adorateurs. Au premier rang parmi eux était ce Gilbert Romme, l'auteur du *Calendrier républicain*, qui devint membre de la Convention et périt si tragiquement après les journées de prairial. Il avait conçu le projet de fonder une association sous le titre de : *Société du serment du Jeu-de-Paume*. Comme la Société datait de 1789, elle n'était encore qu'à l'état de formation à l'époque anniversaire des événements; Romme résolut d'en consacrer l'existence par un acte qui aurait une date historique. Il choisit le 20 juin 1790. Dès la veille, les futurs associés se présentent à la salle de l'Assemblée nationale pour demander son adhésion. Ils portaient une plaque d'airain sur laquelle ils avaient fait graver la teneur du serment prêté en 1789. Elle était encadrée dans une bordure de marbre vert antique et fixée par quatre clous de bronze.

Ce monument, placé sur un brancard, était orné de draperies et de banderolles aux couleurs nationales. Il était en outre couronné de branches de chêne. Il fut porté à l'Assemblée par des membres de la députation et quatre indigents qui tenaient les banderolles entre leurs mains. Le moment ne pouvait être mieux choisi. La séance avait été remplie par les motions les plus enthousiastes.

On s'occupait de la fête de la Fédération qui allait arriver dans quelques jours. Les députations se succédaient. Le baron de Klootz, dit du Val-de-Grâce, qui ne s'était pas encore affublé du prénom d'Anacharsis et qui se contentait d'être l'orateur du comité des étrangers en attendant qu'il devînt celui du genre humain, M. de Klootz était présent à la tête d'un groupe d'Anglais, de Prussiens, de Siciliens, d'Indiens, d'Arabes, de Chaldéens; dans un long discours qui ne manque ni de trait ni d'éloquence, il demande une place à la fête de la Fédération pour les étrangers qui l'ont chargé de cette ambassade sacrée...

La demande est accueillie à l'unanimité des voix, puis cette motion en amène une autre. Alexandre Lameth propose de faire disparaître les quatre statues enchaînées qui étaient aux pieds de Louis XIV sur la place des Victoires. Adopté. « C'est aujourd'hui le tombeau des vanités, ajoute M. Lambel, je demande qu'il soit fait défense à toute personne de prendre les qualités de comte, baron, marquis, etc. » Cette proposition est défendue et développée par MM. de Noailles, de Montmorency, de La Fayette. Malgré les efforts habiles de l'abbé Maury, le décret est rendu au milieu des applaudissements des députés et des spectateurs. L'enthousiasme est à son comble. La journée du 19 juin 1790 est le digne pendant de la séance du 4 août 1789. Il était onze heures et demie du soir. C'est en ce moment que la députation de la Société du Jeu-de-Paume est introduite. Le cortège pénètre par la grande entrée du côté gauche, et le monument est déposé en face du bureau du président. L'orateur de la députation s'exprime en ces termes :

Messieurs,

Trois habitants des Alpes, réunis sur les bords du lac des Quatre-Cantons, jurèrent de rendre la Suisse libre et la Suisse fut libre. Leurs noms sont gravés sur les rochers, leurs vertus sont devenues la leçon des siècles, et le lieu où leur serment immortel est écrit, est encore aujourd'hui le point de ralliement et l'objet de la vénération de tous les hommes libres.

Des Français ont fait graver sur le bronze le serment que les représentants de la nation ont prêté dans le Jeu-de-Paume. Ils le présentent à l'Assemblée nationale comme une offrande faite aux peuples et aux siècles. Demain, l'anniversaire du jour où il a été prononcé, ils le porteront religieusement et le placeront dans le lieu que vos vertus ont consacré.

Cet orateur était le citoyen Anaclet, ci-devant religieux de l'ordre de Saint-François. Il faut convenir que pour un discours de début, sa harangue ne manquait ni de distinction ni d'à-propos.

M. de Menou répondit pour Siéyes absent. L'assemblée ordonna l'insertion dans le procès-verbal tant de l'adresse que de la réponse, et M. Dumouchel, l'un des secrétaires, remit à la Société un certificat constatant l'agrément donné par l'Assemblée nationale au projet qui lui avait été soumis; puis la députation se retira au milieu des bravos unanimes des assistants.

Le lendemain la cérémonie projetée reçut son exécution. Dès neuf heures du matin la Société était rendue sur la route de Versailles au neuvième mille, c'est-à-dire, si nous comprenons bien, environ à deux lieues, par conséquent à Sèvres. Le président marchait en tête, escorté des deux secrétaires. Le monument était porté par huit sociétaires au centre. M. Le Cointre, président du département, vint au-devant de la ville, se joindre à cet acte de piété civique, puis M. Dubreton au nom de la garde nationale dont il était capitaine.

Arrivée en face de l'ancienne salle de l'Assemblée nationale, la marche s'arrêta pour faire une station religieuse devant cet *endroit cher aux amis de la Révolution...* En face de l'hôtel-de-ville, nouvelle station. Les officiers municipaux se joignirent au cortège. Enfin entre onze heures et midi, heure à laquelle un an auparavant, à pareil jour et dans le même lieu, le serment avait été prononcé, l'opération commença.

Le monument fut placé dans le mur en face de l'entrée, vis-à-vis de l'endroit où était le bureau sur lequel le serment fut prononcé. Il y fut scellé avec les pierres tirées des fondations de la Bastille et apportées à cet effet de Paris par la Société.

Après de nombreux discours patriotiques, la fête se termina et la municipalité offrit des rafraîchissements aux membres de la Société du Jeu-de-Paume dans la grande salle de l'Hôtel-de-Ville.

Une députation de la Société se rendit ensuite chez M. Le Cointre pour répondre à l'honnêteté de son invitation. « On s'est encore embrassé, on s'est porté des santés mutuelles et l'on s'est séparé avec le regret réciproque de quitter des amis et des frères. »

Jusqu'à ce moment la Société n'avait exercé qu'un acte religieux de civisme. Mais une fête réelle avait été résolue pour clore cette belle journée. Les sociétaires y invitèrent les amis qu'ils venaient de faire à Versailles; plusieurs d'entre eux voulurent bien accepter et tous se rendirent par groupes détachés au Ranelagh du bois de Boulogne.

Nous ne les suivrons pas hors du Jeu-de-Paume qui circonscrit notre sujet, mais cet épisode met en scène des personnages qu'on est heureux de rencontrer ici pour la première fois. Nous en renvoyons les détails à l'appendice.

IV.

TABLEAU DU SERMENT (1791)

SECONDE INSCRIPTION APPOSÉE DANS LE JEU-DE-PAUME.
POÈME D'ANDRÉ CHÉNIER.

La Société des amis de la Constitution, séant à Paris (les Jacobins), ne voulut pas rester en arrière.

Elle conçut la pensée de faire exécuter un grand tableau représentant le serment prêté dans la salle du Jeu-de-Paume. Les frais devaient en être considérables. On y pourvoirait à l'aide d'une souscription. Trois mille billets de chacun 24 liv., représentant une somme de 72,000 livres, seraient émis et placés par une commission de douze membres : le receveur était un sieur Gerdret, négociant, rue des Bourdonnais. Jusque-là le nom du peintre n'avait pas encore été prononcé.

Le 28 octobre 1790, Dubois-Crancé monta à la tribune et dit : « Nous avons choisi, pour animer notre pensée, l'auteur de Brutus et des Horaces, ce Français dont le génie a devancé la Révolution... En conséquence le sieur David sera invité à déclarer sur-le-champ s'il accepte l'honorable confiance de cette Assemblée et s'il se charge de la composition d'un tableau de 30 pieds sur 20 représentant le serment du Jeu-de-Paume.

Sur les 72,000 livres 36,000 étaient allouées à David, 30,000 pour la gravure du tableau et 6,000 pour la bordure.

Chaque souscripteur devait recevoir un exemplaire de la gravure. Le temps nécessaire pour l'achèvement de ces œuvres d'art était évalué à trois ou quatre années.

David accepta avec enthousiasme et nous le verrons bientôt à l'œuvre (V. aux pièces justificatives une lettre adressée par David lui-même au *Moniteur*). Mais il faut dire auparavant que la Société des amis de la Constitution, en commandant ce tableau, avait un but, c'était de faire hommage du tableau à l'Assemblée nationale et de le placer dans la salle de ses séances ; il fallait au préalable obtenir l'agrément de l'Assemblée. Une commission fut députée à cet effet. Le duc de Chartres (le futur roi Louis-Philippe) en était : il a raconté lui-même le fait dans son journal. « J'ai appris, dit-il, que j'avais été nommé de la députation chargée de porter à l'Assemblée le projet relatif au serment du Jeu-de-Paume (1). »

Maintenant si nous nous reportons au *Bulletin* de l'Assemblée nationale, nous trouvons un discours prononcé au nom de la Société. Il est conçu en ces termes :

BULLETIN DE L'ASSEMBLÉE NATIONALE

Discours prononcé le samedi 6 novembre au soir à la barre de l'Assemblée nationale, par une députation de la Société des Amis de la Constitution établie à Paris.

Les différentes sociétés des amis de la Constitution répandues dans le royaume prennent aujourd'hui celle de Paris pour organe et, usant du droit de pétition, exercent le droit conservateur que vous avez placé à côté de la liberté comme son incorruptible gardien ; à côté des lois comme un moyen d'en préparer la sagesse, à côté de l'opinion publique pour en diriger utilement le cours, à côté des ennemis de la Constitution pour leur susciter autant d'accusateurs que d'hommes libres ; elles vont fixer votre attention sur un monument sacré dont il faut arracher la destruction au temps, puisque les souvenirs que ce monument rappelle sont immortels.

Si l'on vous disait que les représentants d'un grand peuple........ que cependant ce premier temple, où la liberté prit naissance, reste sans honneur, ne seriez-vous pas frappé d'une si étrange indifférence ?

Augustes organes du vœu de la France, l'enceinte de ce temple

(1) Mémoires publiés en l'an IV par Roussel, p. 6.

existe au milieu de nous, et cependant ce temple est sans gloire !

Il existe et la main du temps le détruit, lorsque sa durée doit atteindre la stabilité, l'éternité de vos lois ; c'est ce Jeu-de-Paume qui, le 20 juin 1789, servit d'asile à six cents d'entre vous lorsque l'entrée de votre salle vous fut refusée, qui recueillit les espérances d'un peuple de vingt-cinq millions d'hommes et qui fut à jamais consacré par le serment dont il devint le dépositaire et le témoin...

L'histoire peindra cet instant où les députés, errant dans les rues de Versailles, ne cherchaient qu'à se rencontrer pour se réunir, où le peuple consterné demandait : « Où est l'Assemblée nationale ? » et ne la trouvait plus ; où le despotisme, qui croyait triompher, expirait sous les derniers coups qu'il venait de se porter à lui-même ; où quelques hommes, à l'approche d'une horrible tempête et dans un lieu sans défense qui pouvait devenir leur tombeau, sauvèrent la grande nation par leur courage. Mais ces murs nus et noircis, image d'une prison, et transformés en temple de la liberté, ces planches servant de siège et qui semblaient échappées à un naufrage, cette table chancelante sur laquelle fut écrit le plus durable et le plus redoutable serment ; ce ciel que chaque député prenait à témoin et qui ne donnait qu'une froide lumière, comme s'il avait voulu voiler cet auguste mystère à de profanes regards ; ce peuple immense se pressant autour de cette retraite, attentif comme s'il avait pu voir à travers les murs, silencieux comme s'il avait pu entendre ; et, près de là, ce palais des prétendus maîtres du monde, ces lambris dorés d'où les législateurs d'une grande nation étaient repoussés. Un tel tableau échapperait à l'histoire ; c'est à l'immortel pinceau, c'est à l'impérissable burin à le retracer.

Conservez, ô représentants des Français ! conservez ce précieux monument ! qu'il reste dans son inculte et religieuse simplicité ; mais qu'il échappe au torrent des années par des soins capables de l'éterniser sans le changer ni l'embellir ; qu'une garde de citoyens l'environne comme s'il était encore le berceau de la loi ; qu'il soit, qu'il demeure surtout fermé comme le temple de la guerre, puisque nous ne verrons jamais renouveler le combat des pouvoirs qui fit sa glorieuse destinée : monument instructif pour les enfants des rois, il servira de contrastes à leurs demeures, il leur retracera l'époque où commença leur véritable puissance à jamais respectée de la nation, il lui rappellera le courage, les vertus de ses véritables fondateurs. Un jour la vénération publique en environnera l'enceinte comme d'une barrière aux vils adorateurs du despotisme, et quand le temps aura couvert d'un voile religieux son origine, les générations futures y verront encore le génie de la liberté veillant sur les destinées de l'empire.....

O premiers législateurs des Français, ou plutôt premiers organes des lois de la nature ! couronnez nos vœux en agréant l'hommage du tableau qui représentera votre héroïque serment. Il sera éternel ce monument dédié au Temps et à la Patrie, si, placé dans la salle même de vos assemblées, il a sans cesse pour spectateurs des hommes capables d'imiter le patriotisme dont il retracera l'image.

Après une réponse de M. le président Barnave, l'Assemblée ordonne l'impression des deux discours et le renvoi de la pétition de la Société des Amis de la Constitution au comité des rapports pour en rendre compte incessamment. (*Moniteur*. Plon, 6-318. — N° 313. 9 novembre, 2ᵉ de la liberté) (1).

En même temps le salon de peinture s'ouvrait au public (2 septembre 1791). David exposa une esquisse qui contenait le projet complet de son tableau. Le dessin était superbe et excita une admiration universelle. Cependant une note insérée au livret de l'exposition avertissait « que l'auteur n'avait pas eu l'intention de donner de la ressemblance aux membres de l'assemblée. »

Malgré cet avertissement, l'artiste ne cessa pas de perfectionner son tableau en se procurant des portraits exacts de ses personnages. Ainsi on le voit dessiner d'après nature le curé Jallet et le représenter familièrement avec son chapeau et son parapluie dans le groupe des trois curés poitevins. Nous possédons une tête de Bailly qui paraît avoir la même origine. M. Philippe de Saint-Albin avait dans sa précieuse collection des esquisses à la plume du peintre destinées à entrer dans le tableau du Jeu-de-Paume. On voit avec quelle conscience l'œuvre avait été élaborée. David a fait deux dessins, l'un tracé à la plume et lavé au bistre, haut de 25 pouces et large de 36. C'est le plus important qu'il ait terminé (2). L'autre, au crayon, a servi à l'exécution de la gravure.

(1) Ce rapport ne se retrouve pas; d'autres faits en tinrent lieu.
(2) Ce dessin appartient aujourd'hui à M. Jules David, petit-fils de l'auteur.

Le livret rappelait en même temps qu'on souscrivait pour la gravure de ce dessin chez M. Gerdret, négociant, rue des Bourdonnais. Une sorte d'émulation s'établit entre l'événement et le tableau. C'était à qui aurait le plus de succès, la popularité la plus grande. L'Assemblée, sur la proposition de Barère, décida que la toile serait exécutée aux dépens du Trésor public et que le tableau serait placé dans la salle des séances.

M. BARERE. — Un tableau qui doit représenter le serment du Jeu-de-Paume a été commencé par M. David, et l'esquisse de cet ouvrage est déjà connue du public. Une souscription particulière a été ouverte pour ce tableau ainsi que pour celui de la mort du jeune Desilles : je demande qu'ils soient l'un et l'autre achevés aux frais du Trésor public et placés dans la salle du corps législatif, où ils représenteront sans cesse aux députés de la nation le zèle et l'énergie qu'ils doivent avoir. (On applaudit.) (1)

La proposition de M. Barère est adoptée en ces termes :

L'Assemblée nationale, considérant que le 20 juin 1789 est l'époque qui a assuré à la France une Constitution libre,
Décrète que le tableau représentant le serment prêté à Versailles, le 20 juin 1789, au Jeu-de-Paume, commencé par Jacques-Louis David, sera fait aux frais du Trésor public, et qu'il sera placé dans le lieu destiné aux séances de l'Assemblée nationale. (Séance du 28 septembre 1791. — *Moniteur* du 29.)

Tandis que la Société des Jacobins de Paris s'occupait du tableau du serment, la Société de Versailles ne travaillait pas avec moins de zèle, ainsi qu'on le voit par le registre de ses délibérations, déposé aux Archives de la ville de Versailles.

(1) Le serment du Jeu-de-Paume, dessin esquisse du tableau que fait actuellement M. David. Il en fut chargé par une société particulière qui devait en fournir le paiement. Depuis, M. Barère a demandé et obtenu qu'il soit fait aux dépens du Trésor public. Ce tableau devait donc rester aux deniers des Jacobins qui avaient tout droit de choisir leur peintre.

PROCÈS-VERBAUX DE LA SOCIÉTÉ DES AMIS DE LA CONSTITUTION
A VERSAILLES.

Séance du 4 may 1791. — Page 5.

M. Guignet, membre de cette Société, luy a fait hommage d'un plan sur l'employe du Jeu-de-Paume et d'un dessin sur ce plan. La Société a remercié et ajourné cet objet.

Nous avons dit que la séance du Jeu-de-Paume ne pouvait pas être séparée de l'assemblée de l'église Saint-Louis. Les deux dates se suivent : 20-22 juin 1789, les événements sont indivisibles. Une page des registres de la Société des Amis de la Constitution de Versailles prouve que cette idée était déjà celle des contemporains. Voici ce qu'on y trouve :

Séance du 16 may 1791. — Page 12, v°.

Un membre fait la motion de célébrer une fête patriotique dans l'Eglise de Saint-Louis pour l'anniversaire du 22 juin 1789, jour où l'Assemblée nationale a été recueillie dans ce temple, ne trouvant aucun autre asile, et où s'est opérée la réunion de la majorité du Clergé. A cette motion a été joint l'amendement qu'il fut député par la Société auprès de l'Assemblée nationale, du club des Amis de la Constitution à Paris, et de tous les autres clubs du département pour les inviter à assister par députation à cette cérémonie.

La motion et l'amendement, mis aux voix, ont été adoptés. La Société a arrêté de plus de charger un nombre de commissaires nommés à cet effet pour luy présenter le plan et les moyens d'exécuter la cérémonie.

Les commissaires sont :
MM. Dumaulde, Brilland père, Bassal, Fauvel, Perrot, Corderant, Chaillou, Brun, Breuille, Hausmann, Gaucher, Noguet, Grincourt, Charbonnier.

La meilleure idée eut été de graver sur le marbre cette liste que Bailly voulait imprimer en caractères d'or : celle de la majorité des membres du Clergé qui avaient adhéré aux actes du Tiers. Elle aurait formé le pendant au serment du

Jeu-de-Paume, et peut-être comme cette inscription, elle aurait échappé aux temps et aux révolutions; mais on a objecté qu'une inscription politique ne serait pas à sa place dans un monument religieux. Ce projet a été abandonné.

Nous avions dit, dans notre premier travail, que la célébration du Jeu-de-Paume n'avait pu avoir lieu en 1791, à cause du départ du roi pour Varennes dans la nuit du 20 au 21. Nous avons trouvé depuis une note prouvant que cette fête avait été ajournée dès le 15 juin de la même année. Il en résulte donc la nécessité d'une rectification que nous insérons ici avec empressement.

Mercredy 15 *juin* 1791.

La motion faite par un membre de se transporter au Jeu-de-Paume le 20 juin, jour anniversaire de la séance à jamais célèbre tenue dans le même lieu, par les représentants de la nation, a été ajournée.

Bocquet, *secrétaire*

Séance du 7 *octobre* 1791. — Page 127.

M. Demoni a annoncé à la Société que la plaque destinée à être placée au Jeu-de-Paume était prête; un membre a proposé qu'il soit envoyé une députation de douze membres pour être présents au scellement de la plaque. L'assemblée a arrêté cette proposition.

M. le président a nommé les membres qui doivent composer cette députation, lesquels sont :

MM. Avoine, évêque constitutionnel du département (a laissé le souvenir d'une grande éloquence), Charbonnier le jeune (qui a montré plus tard un courage héroïque en luttant corps à corps contre les massacreurs de septembre, dans la rue de l'Orangerie), Lebas, Chaillou, Bocquet, Truffet, Demoni, Dumoutier, Bernard, Lhermite, Dalles (vicaire épiscopal), et Corderant, lesquels ont accepté.

Il a été décidé que Notar frère, l'un des volontaires qui vont aux frontières, lequel a gravé la plaque, serait invité de se joindre à la députation.

Séance du 10 *octobre* 1791.

L'assemblée reçoit M. Talma, capitaine d'une compagnie de la garde nationale, sur la présentation de MM. Demoni, Truffet, Dumoutier, Clémendeau, Laurent et Bocquet.

Ensuite un des membres qui se sont rendus au Jeu-de-Paume pour être présents au scellement de la plaque (sur laquelle étaient gravés ces mots : ILS L'AVOIENT JURÉ, ILS ONT ACCOMPLI LEUR SERMENT) qu'a fait poser la Société dans ce lieu, a fait le rapport à l'assemblée du résultat de la députation. Il a dit que la plaque avait été apposée et scellée devant elle par un membre de cette Société, et elle a en outre témoigné sa satisfaction à MM. Demoni, Dumoutier et Bergé, sur les soins qu'ils ont apportés dans (lacune sic) de cette plaque.

Ce rapport a été couvert d'applaudissements. Un secrétaire a proposé d'accorder une lettre d'affiliation à M. Berger, volontaire, qui va se rendre aux frontières, en reconnaissance du travail en gravure qu'il a fait sur cette plaque. Cette proposition a été adoptée par l'assemblée et de suite la lettre d'affiliation a été exécutée en bonne forme et délivrée à un membre de la Société qui s'est chargé de la remettre à M. Berger. (*Registre*, II, p. 128, v°.)

Bientôt André Chénier publie son poème sur le Jeu-de-Paume, en vingt-deux strophes, dédié à Louis David, le roi du savant pinceau.

Grâce à David, le Jeu-de-Paume a eu la gloire d'inspirer à André Chénier les premiers vers qu'il ait publiés. Quel chef-d'œuvre que ce début ! C'est presque de la prose cadencée ; mais déjà on sent, en ce doux bégaiement, les accents de cette voix divine qui sera celle d'un de nos plus grands poètes !

. . . .
Le sénat du peuple est assis.
Il invite en son sein où respire la France
Les deux fiers sénats ; mais leurs cœurs
N'ont que des refus. Il commence :
Il doit tout voir ; créer l'Etat, les lois, les mœurs.
. . . .
..... On croit, n'osant encor lever le bras,

Les disperser par l'épouvante.
Ils s'assemblaient; leur seuil méconnaissant leurs pas
Les rejette. Contre eux, prête à des attentats
  Luit la baïonnette insolente.
Dieu ! vont-ils fuir? Non, non, du peuple accompagnés
  Tous, par la ville, ils errent indignés
Comme Latone enceinte et presque déjà mère,
  Victime d'un jaloux pouvoir
Sans asile flottait, courait la terre entière
Pour mettre au jour les Dieux de la Lumière.
  Au loin fut un ample manoir
Où le réseau noueux, en élastique égide,
  Armé d'un bras souple et nerveux,
  Repoussant la balle rapide,
Exerçait la jeunesse en de robustes jeux.
Peuple de tes élus, cette retraite obscure
Fut la Délos. O murs, temple à jamais fameux,
  Berceau des lois, sainte masure !
N'allons pas d'or, de jaspe, avilir à grands frais
  Cette vénérable demeure;
Sa rouille est son éclat. Qu'immuable à jamais
Elle règne au milieu des dômes, des palais.
Qu'au lit de mort tout Français pleure
S'il n'a point vu ces murs où renaît son pays.
Que Sion, Delphe et la Mecque et Saïs
Aient de moins de croyants attiré l'œil fidèle.
  Que ce voyage souhaité
Récompense nos fils. Que ce toit leur rappelle
Ce Tiers-Etat à la honte rebelle,
  Fondateur de la liberté :
Comme en hâte arrivait la troupe courageuse,
  A travers d'humides torrents
  Que versait la nue orageuse.
Cinq prêtres avec eux, tous amis, tous parents,
S'embrassant au hasard dans cette longue enceinte,
Tous juraient de périr ou vaincre les tyrans,
  De ranimer la France éteinte;
De ne se point quitter que nous n'eussions des lois
  Qui nous feraient libres et justes.
Tout un peuple inondant jusqu'aux faîtes des toits
De larmes, de silence ou de confuses voix
  Applaudissait ces vœux augustes.
O jour! jour triomphant, jour saint, jour immortel,
  Jour le plus beau qu'ait fait luire le ciel.

LE SERMENT DU JEU-DE-PAUME APPRÉCIÉ PAR MARAT.

Notre édifice n'a pas été sans éprouver des fortunes diverses : tantôt exalté jusqu'à l'emphase, tantôt déprécié jusqu'à l'injure. C'est le roi des insulteurs qui commence et joue le rôle de l'esclave ivre auprès du triomphateur antique. Nous avons nommé Marat. Voici ce qu'il dit à la date du 25 août 1791 :

> A voir les défauts monstrueux de la Constitution française, fruit de la prostitution des pères conscrits, je ne songe jamais à leur serment du Jeu-de-Paume, que je ne m'indigne de cette pantalonnade, si longtemps célébrée comme un acte d'héroïsme civique et que je ne me représente les délégués du peuple comme d'avides fripons qui ne voulaient pas lâcher prise sans avoir trafiqué des droits et des intérêts de la nation, sans l'avoir vendue au monarque, comme d'infâmes intrigants qui redoutaient moins les cachots et la mort que de perdre le prix de leur turpitude et de leur perfidie.
>
> (*L'Ami du peuple*, n° 537 du 25 août 1791.)

20 JUIN 1792.

Le 20 juin 1792, avant d'être une grande journée révolutionnaire, devait se borner à une fête commémorative du serment du Jeu-de-Paume dont c'était le troisième anniversaire. Ceux qui en conçurent l'idée voulaient d'abord planter l'arbre de la liberté sur la terrasse des Feuillants, en mémoire de la séance du Jeu-de-Paume (1). Le faubourg Saint-Antoine se mit en marche, guidé par Gonchon, un des orateurs populaires du moment. On portait des bannières sur lesquelles étaient tracées diverses inscriptions, notamment celle-ci : « En commémoration du serment du Jeu-de-Paume, »

---

(1) Ordre du jour de la municipalité de Paris du 16 juin 1792 :
« Nous voulons célébrer l'anniversaire du serment du Jeu-de-Paume et planter un mai pour fêter ce grand événement. »
(*Rapport d'Alexandre, de Mouchel*, etc.)

et « avis à Louis XVI. » (Rœderer, *Chronique des Cinquante-Jours*, page 34.)

Jusque-là il n'y avait rien de menaçant dans l'attitude de la manifestation ni dans son langage. Plus tard survinrent divers incidents que nous n'avons pas mission de raconter ici; nous avons voulu seulement constater qu'à l'origine il ne s'agissait que de célébrer pacifiquement le souvenir du 20 *juin* 1789. Gonchon, dans un long et violent pamphlet qu'il publia sur cette affaire, a fait cette allusion au Jeu-de-Paume :

Lorsque les janissaires de Versailles obligèrent vos prédécesseurs à se réfugier dans un jeu de paulme, seuls contre une armée de tyrans et d'esclaves, nous encouragions l'Assemblée nationale, nous lui faisions, avec les braves grenadiers de la gendarmerie, un rempart de nos corps.

(RAND DISCOURS *prononcé par le patriote Gonchon au nom des citoyens du faubourg Saint-Antoine, au sujet de la journée du 20 juin, et pour justifier le peuple de Paris. Imprimé par ordre de l'Assemblée nationale et envoyé à tous les départements.*)

20 JUIN 1793.

Au 20 juin 1793, la Convention est encore sous le coup de l'injustifiable proscription du 2 du même mois. Les héros du Jeu-de-Paume sont devenus des traîtres, ils seront bientôt des martyrs : Bailly, Barnave, Thouret, Le Chapelier, Rabaut de Saint-Etienne, etc., etc. Passons vite sur cette triste et sanglante page de notre histoire ; notre grand monument n'y figure que d'une manière négative.

V.

ESTIMATION DU JEU-DE-PAUME EN L'AN II.

André Chénier a ouvert la carrière poétique en l'honneur du Jeu-de-Paume; son frère Marie-Joseph a fait le premier pas dans une tout autre voie. Il s'est engagé dans les questions multiples auxquelles l'évaluation du Jeu-de-Paume a donné naissance. Voici comment il s'est exprimé devant la Convention, au nom des comités d'instruction publique et des domaines.

Marie-Joseph Chénier : Citoyens, les propriétaires du Jeu-de-Paume de Versailles, ce Jeu-de-Paume illustré par le serment des premiers mandataires du peuple, vous ont présenté, il y a plusieurs mois, une pétition dont vous avez envoyé l'examen à vos comités de l'instruction publique et des domaines.

La ville de Versailles, qui a prodigué les sacrifices pour la Révolution, a vu de jour en jour sa population diminuer d'une manière sensible. Parmi les habitants restés dans Versailles, ceux qui subissaient encore le joug des anciens préjugés et qui regrettaient la cour, ont cessé de visiter une enceinte qui leur faisait des reproches amers, et les citoyens zélés, par une espèce de pudeur patriotique, ont craint de se livrer à des jeux frivoles, dans un lieu qui leur inspirait un respect religieux et qui leur paraissait rempli de la majesté nationale.

Le Jeu-de-Paume est maintenant fermé. Une petite maison attenante, et qui en fait partie, n'a pu être louée depuis l'époque du serment. Le citoyen Lataille, locataire du Jeu-de-Paume, s'est vu contraint de l'abandonner, et cette propriété, devenue onéreuse par la sainteté même du lieu, ne laisse plus à ses possesseurs que la charge d'une rente de 1,500 livres, hypothéquée sur le Jeu-de-Paume.

Les pétitionnaires terminent cet exposé des faits par regretter de se voir hors d'état d'offrir à la nation le sacrifice de leur propriété.

Il vivra dans la mémoire des peuples, il est digne d'un éternel souvenir, ce jour où la première Assemblée nationale de France, dans la vigueur de sa jeunesse, inaccessible aux séductions de l'avarice et de l'orgueil, inexorable pour la tyrannie qui menaçait alors et ne flattait pas, agrandie par la persécution et pour ainsi dire vierge encore, réfugiée dans l'humble asile d'un jeu de paume, y prononçait le serment sacré. Depuis ce temps, le peuple a frémi de voir des parjures entre ces premiers mandataires; mais il est aussi des représentants fidèles qui ont traversé le torrent révolutionnaire sans être souillés d'aucune fange aristocratique et sont arrivés trois sur le rivage; ce sont eux qui sonnaient d'avance le tocsin du 14 juillet et du 10 août; ce sont eux qui désiraient, qui appelaient la Convention nationale et décrétaient de loin la République. C'est par leurs efforts que vous êtes venus siéger sur les débris de la monarchie et que vous laisserez aux nations le plus grand spectacle qu'ait encore offert une assemblée de représentants.

Nous avons cru, citoyens, que la maison du Jeu-de-Paume pouvait être utilement employée dans l'établissement de l'instruction publique et nous vous proposons d'en décréter le principe en attendant que vous organisiez l'éducation nationale. Qu'il me soit permis maintenant d'ajouter quelques mots que vous pardonnerez sans peine à un représentant de la nation, adopté par le département de Seine-et-Oise, et qui est certain de vous plaire, en rappelant à votre souvenir la gloire qu'a méritée la ville de Versailles. Vous savez tous à quelle hauteur s'est élevé l'astre de la liberté, sur cette terre longtemps royale où l'orgueilleux Louis XIV avait étendu son empire sur la nature; aucune cité de la République n'a essuyé de plus grandes pertes, aucune ne les a endurées avec un courage plus patriotique, aucune n'a respecté davantage la volonté du peuple et les décrets de ses mandataires, aucune n'a témoigné à la ville de Paris une fraternité plus étroite et plus intime. Répétez donc ce que vous avez déclaré; qu'au milieu même du Jeu-de-Paume, sur ses sombres murs, parés des souvenirs qu'ils rappellent, le Français et l'étranger lisent : VERSAILLES A BIEN MÉRITÉ DE LA PATRIE.

Voici le projet de décret, lequel est devenu définitif :

ESTIMATION DU JEU-DE-PAUME.

DÉCRET DE LA CONVENTION NATIONALE

Du septième jour du second mois de l'an II de la République française, une et indivisible, portant que Versailles a bien mérité de la patrie, et que le Jeu-de-Paume sera employé à un établissement d'instruction publique.

LA CONVENTION NATIONALE, après avoir entendu le rapport de ses comités de l'instruction publique et des domaines sur la pétition des propriétaires du Jeu-de-Paume de Versailles, décrète ce qui suit :

ARTICLE PREMIER. — La maison du Jeu-de-Paume de Versailles, où l'Assemblée constituante a prononcé le serment du 20 juin 1789, est un domaine national.

ART. 2. — Cette maison sera employée dans l'établissement de l'instruction publique quand la Convention nationale en décrétera l'organisation.

ART. 3. — Le conseil exécutif provisoire est chargé de traiter au nom de la nation avec les propriétaires du Jeu-de-Paume pour l'échange de cette maison contre un bien national de même valeur, dans l'étendue de ce département.

ART. 4. — La rente de quinze cents livres hypothéquée sur le Jeu-de-Paume sera désormais hypothéquée sur le bien national cédé en échange.

ART. 5. — Sur les murs du Jeu-de-Paume seront gravés ces mots : LA VILLE DE VERSAILLES A BIEN MÉRITÉ DE LA PATRIE.

ART. 6. — Le présent décret sera imprimé et inséré au *Bulletin*.

Visé par l'inspecteur. Signé : BOUILLEROT.

Collationné à l'original par nous, président et secrétaire de la Convention nationale. A Paris, le onzième jour du second mois de l'an II de la République française une et indivisible.

Signé : M. BAYLE, président; P. Fr. PIORRY et LOUIS (du Bas-Rhin), secrétaires.

AU NOM DE LA RÉPUBLIQUE, le conseil exécutif provisoire mande et ordonne à tous les corps administratifs et tribunaux que la présente loi ils fassent consigner dans leurs registres, lire, publier, afficher, et exécuter dans leurs départements et ressorts respectifs; en foi de quoi nous y avons apposé notre signature et le sceau de la République. A Paris, le onzième jour du second mois de l'an II de la République française une et indivisible.

Signé : GOHIER, président du conseil exécutif provisoire. Contresigné : GOHIER. Et scellée du sceau de la République.

Certifié conforme à l'original.

Reçu le 24 brumaire de l'an II de la République française et contresigné ledit jour au registre du département de Seine-et-Oise.

Signé : Bocquet, secrétaire général.

Le décret de la Convention, du 11 brumaire an II, décidait en principe que le Jeu-de-Paume serait acquis par la nation au moyen d'un échange fait avec les propriétaires actuels de l'immeuble. Mais l'on n'était pas entré dans le détail des voies et moyens. Cette lacune fut comblée par un second décret du 26 ventôse suivant, qui prescrivit de nommer deux experts, l'un pour l'administration des domaines, l'autre pour le ministre de l'intérieur. Ils devaient opérer en présence d'un troisième expert représentant les particuliers propriétaires de l'édifice, et en outre de deux commissaires nommés, l'un par le directoire du district, et l'autre par la municipalité de Versailles. L'estimation devait être faite sur le pied de la valeur du Jeu-de-Paume au 20 juin 1789.

DÉCRET DE LA CONVENTION NATIONALE

Du vingt-sixième jour de ventôse l'an second de la République une et indivisible, qui ordonne l'estimation du Jeu-de-Paume de Versailles.

La Convention nationale, voulant assurer l'exécution de son décret du 7 brumaire dernier concernant le Jeu-de-Paume de Versailles où a été prononcé le serment du 21 juin 1789, après avoir entendu le rapport de son comité d'aliénation et domaines réunis, décrète ce qui suit :

Article premier. — Il sera procédé à l'estimation dudit Jeu-de-Paume par deux experts qui seront nommés à cet effet, l'un par l'administration des domaines nationaux, l'autre par le ministre de l'intérieur, lesquels opéreront en présence d'un expert nommé par le propriétaire du Jeu-de-Paume et de deux commissaires nommés l'un par le directoire du district et l'autre par la municipalité de Versailles. L'estimation sera faite sur le pied de la valeur dudit Jeu-de-Paume à l'époque dudit jour 21 juin 1789.

Art. 2. — Il sera ajouté à ladite estimation le montant des intérêts à 5 p. 100 qu'elle aurait dû produire, à compter de ladite époque jusqu'à ce jour, déduction faite des sommes qui ont pu être payées par forme de dédommagement de non-jouissance aux propriétaires ou locataires dudit Jeu-de-Paume.

Art. 3. — Le montant tant de l'évaluation de ce qui restera dû pour intérêts sera admis pour comptant en paiement de tel domaine national que lesdits propriétaires désireront acquérir, l'adjudication en sera faite au plus offrant et dernier enchérisseur; il est dérogé quant à ce au droit du 7 brumaire.

Art. 4. — L'excédent, s'il y en a, du prix du domaine adjugé auxdits propriétaires sera payé dans les termes et délais accordés par la loi aux acquéreurs des domaines nationaux.

Visé par l'inspecteur. Signé : Auger.

Collationné à l'original par nous président et secrétaires de la Convention nationale à Paris, le 1er germinal l'an II de la République une et indivisible.

Signé : Bréard, président; Bisard, S.-E. Manuel, secrétaires.

Au nom de la République, le conseil exécutif provisoire mande et ordonne à tous les corps administratifs et tribunaux que la présente loi ils fassent consigner dans leurs registres, lire, publier et afficher, et exécuter dans leurs départements et ressorts respectifs; en foi de quoi nous y avons apposé notre signature et le sceau de la République, à Paris le premier jour de germinal l'an II de la République française une et indivisible.

Signé Dalbarade, contresigné Gohier, et scellé du sceau de la République.

Certifié conforme à l'original. Signé Gohier, et scellé du sceau de la République.

Pour copie conforme ainsi. Signé Peyronet.

Pour copie conforme. Gazard.

Les experts désignés furent le citoyen Eustache Saint-Far, ingénieur en chef des biens nationaux et d'émigrés du département de Seine-et-Oise, pour l'administration des domaines; T.-C. Poupart, pour le ministre de l'intérieur.

Les propriétaires chargèrent de les représenter :

Devienne, l'un des architectes qui avaient procédé à l'expertise de 1788. (V. ci-dessus p. 7.)

Les commissaires adjoints furent Gamain et Gastellier.

Eustache Saint-Far avait été choisi par le président du

directoire du département, Laumond, en considération de ses talents, de sa probité et de son civisme reconnus.

Saint-Far était en effet un homme intelligent. Il a laissé sur le Jeu-de-Paume plusieurs rapports, des lettres, etc. (1), qui, bien qu'en dehors de sa mission spéciale, ne manquent pas d'intérêt.

Il proposait d'abord une mesure qui pourrait encore avoir aujourd'hui son utilité; il voulait que le *Temple du Serment*, c'est ainsi qu'il baptisait le *Jeu-de-Paume*, fut isolé de toute habitation particulière, afin qu'aucun incendie communiqué ne put causer d'*éternels regrets*.

Il voulait ensuite ouvrir une rue dans l'axe de l'extrémité nord de l'édifice, qui permettrait d'y accéder de la place de la *Révolution* (place d'Armes actuelle) par deux rampes larges et commodes.

Enfin il proposait, idée assez bizarre, d'exécuter en pierre dure et en fonte de fer le fac-similé du *respectable mobilier* qui avait servi à l'Assemblée, c'est-à-dire deux tonneaux et une porte renversée représentant le bureau du président, deux établis de menuisier ayant servi de tables aux secrétaires, des tréteaux, des planches et des bancs formant le surplus de l'ameublement du Jeu-de-Paume dans ce jour mémorable.

Il complétait son programme par une excellente idée qui va être, nous l'espérons, prochainement réalisée. Il imaginait de placer à côté du serment, qui déjà avait été apporté par Gilbert Romme, le tableau original de David.

Il y avait là plusieurs propositions fort remarquables que le malheur des temps, hélas! ne permit pas de mettre à exécution.

(1) Le mémoire de peinture faite au bâtiment national du Jeu-de-Paume, par les citoyens Davon et Larue, a eu pour objet de faire disparaître les fleurs de lis dont le plafond de cet édifice était tout parsemé, ainsi que les armes qui étaient au centre.... On a aussi retourné des plaques de cheminée.... pour faire disparaître le plus tôt possible toutes les marques de féodalité » (*Rapport de l'Ingénieur des travaux Saint-Far au citoyen administrateur des biens nationaux*, 29 Brumaire an III.)

Les opérations d'expertises et d'évaluation de Saint-Far, commencées en messidor, furent achevées en thermidor. Elles eurent pour résultat un chiffre de . . . . . . 73,510 liv.
qui, avec les intérêts depuis le 20 juin, donnait un total de 91,875
et en déduisant une somme de 6,000 livres payée au sieur Lataille 85,875

Les sieurs Talma et de Molènes eurent le bon esprit d'accepter l'estimation des experts; mais un sieur François, représentant des héritiers Vaussy, ne fut pas aussi raisonnable. Il prétendit que le chiffre devait être fixé en principal à 80,500 livres. Cette prétention imprudente amena l'intervention des représentants du peuple en mission à Versailles, Crassous et Ch. Delacroix. Ils adressèrent une lettre menaçante aux administrateurs du district : « Autant il est équitable, disent-ils, de récompenser le propriétaire du Jeu-de-Paume du courage qu'il a eu de donner asile aux précurseurs de la liberté, autant il serait déplacé et même *criminel* (sic) d'excéder les justes bornes que la nature a prescrites à la munificence nationale... » Ils recommandaient qu'on évitât surtout ce qui pourrait ressembler à une spéculation. Par la faute des héritiers Vaussy, l'affaire traîna et devint interminable. Talma fut réduit à demander d'être le concierge d'un immeuble dans lequel il avait des droits de propriétaire.

JOURNÉE DU 1er PRAIRIAL AN III.

Le 1er prairial est une des plus tristes et plus confuses journées de la Révolution. Œuvre du parti jacobin et du parti royaliste, secrètement unis, elle commence l'histoire funeste des coalitions, des invasions imposées à une Assemblée législative par l'émeute triomphante. Que voulaient les misérables qui envahissaient la Convention? Du pain ; leurs poches en étaient pleines, et d'ailleurs ce n'est pas à coup de fusil qu'on appuie une pétition. Le sang du malheureux Féraud, immolé sur les marches de la tribune, sa tête promenée au bout d'une pique, les décrets que les conspirateurs rendirent et s'empressèrent de brûler, les aveux ultérieurs des royalistes montrent qu'il y avait là de secrets desseins, cachés sous l'apparence d'une sédition née de la famine. Jamais une attaque pareille n'a été livrée à une Assemblée : le souvenir du Jeu-de-Paume soutint les membres du comité au premier moment du danger.

A peine les trois comités (de salut public, de sûreté générale et de législation) ont-ils appris que la Convention n'était plus libre qu'ils ont pris l'arrêté suivant :

Que les comités réunis, convaincus par les renseignements et les libelles qui étaient répandus que le projet direct du mouvement qui a eu lieu était d'anéantir la liberté, se rappelant un exemple donné par l'Assemblée constituante, lorsqu'aux premiers jours de la Révolution, chassée par le tyran du lieu de ses séances, elle se retira au Jeu-de-Paume. Ils ont arrêté qu'ils n'ont reconnu aucun prétendu décret qu'on leur présenterait au nom de la Convention jusqu'au moment où ils pourront communiquer avec elle, et qu'elle pourra délibérer librement, etc...

TALLIEN...... Une section de Paris, que je ne nommerai que demain parce qu'il serait peut-être imprudent de le faire aujourd'hui, est venue offrir un nouveau Jeu-de-Paume. Si nous n'avions pu vous délivrer nous vous aurions fait avertir en secret de vous y rendre, mais tout a tourné en faveur de la liberté. (Buchez et Roux, vol. XXXVI, p. 311.)

Gilbert Romme, qui avait été le fondateur de la Société du Jeu-de-Paume, fut au premier rang des coupables et condamné à mort. Il n'attendit pas l'exécution et se suicida héroïquement. On a prétendu que des amis dévoués le rappelèrent à la vie et le firent passer en Russie (1).

(1) Les amis de l'humanité n'apprendront pas sans intérêt que les familles de Romme et de Goujon ne comptent pas les avoir perdus pour toujours. La nuit qui suivit le jour de leur supplice, on ne trouve pas leurs corps à l'endroit où les cadavres sont déposés. Des chirurgiens s'en étaient emparés. Quelques jours après, on vint, à minuit, demander à la mère de Goujon du linge et des habits pour un homme de la taille de son fils. Romme se réfugia, dit-on, en Russie. Il est bien à craindre que ces conjectures ne soient qu'une illusion. Pourquoi ces deux athlètes de la liberté s'obstineraient-ils à se cacher quand ils n'ont plus d'ennemis à craindre, quand le 18 fructidor les a vengés. *Mémoires polit. et milit.*, II, p. 140).

Le Point-du-Jour, 17 vendémiaire an VI.

On ressuscite Romme, le membre de la Convention nationale qui fut condamné lors des événements de prairial par une commission militaire, et que le public a cru mort des blessures qu'il se fit en présence de ses juges.

On prétend que Romme fut mis à l'écart, livré à ses amis qui appelèrent des médecins habiles et rendu alors par un prodige de l'art à l'amitié. On le fit passer en Russie où il avait résidé avant la Révolution. Là il fut accueilli par un jeune Russe dont il a été l'instituteur et qui est en dignité à la cour de Paul Ier.

Romme ayant appris les changements qu'a opéré la journée du 18 fructidor, a cru qu'il pouvait y reparaître sans danger, et l'on assure qu'il sera à Paris sous peu de jours.

VI.

LE DIRECTOIRE

D'après la proposition de Romme, chaque mois aurait rappelé une époque de la Révolution; ainsi du 20 mai au 18 juin, le Jeu-de-Paume; du 19 juin au 18 juillet, la prise de la Bastille, etc. (Buchez et Roux, tome XXIX, page 8.)

A Versailles, la section de la Concorde prit le nom de section du Jeu-de-Paume et tint ses séances dans la salle dont nous nous occupons.

De l'an III à l'an VIII (1795-1799), les événements suivent leur cours naturel. A l'exaltation des premiers jours succède le marasme et une sorte d'anémie sociale. La France, saignée à blanc par la terreur, épuisée par la guerre civile et extérieure, affolée par les factions, est prête à tendre le col à tous les despotismes, à la contre-révolution de la monarchie, ou au sabre du soldat entrevu par Robespierre.

Le Directoire, composé d'hommes honnêtes et médiocres, et d'hommes capables, mais corrompus, s'achemine vers sa fin et se cramponne à la constitution de l'an III. Il prend au sérieux l'article qui prescrit la célébration des fêtes patriotiques comme un article de foi. Quand les Dieux s'en vont, on croit aux idoles. La constitution de l'an III portait : « Il sera établi des fêtes nationales pour entretenir la fraternité entre les citoyens et les attacher à la constitution, à la patrie et aux lois (art. 302). En vertu de cette disposition précise, le ministre de l'intérieur (c'était Quinette) écrivit à l'administration centrale de Seine-et-Oise une lettre lui rappelant que l'époque du 20 juin approchait, que ce jour mémorable ne devait pas se passer sans être célébré, quoique la fête ne fut pas encore légalement établie ; qu'il s'en rapportait du reste au zèle de l'administration qui aurait à s'entendre à cet effet avec la municipalité.

Celle-ci décida que la fête aurait lieu le 30 prairial avec toute la pompe que les localités et les circonstances pourront permettre.

Un très petit nombre de personnes assistaient à cette fête. Le journal du temps, c'est-à-dire l'*Annuaire de Seine-et-Oise*, qui en rend compte, signale cette absence de spectateurs ; il rapporte que des *patriotes chagrins* l'attribuaient, soit au défaut d'esprit public, soit à une indifférence fâcheuse.

Suivant le citoyen Bière, juge au tribunal civil et éditeur du journal, il n'aurait fallu s'en prendre qu'à la précipitation avec laquelle cette fête avait été organisée. L'administration aurait eu aussi à se reprocher de n'avoir laissé qu'un délai de six jours entre le jour de l'annonce et le moment de la célébration. Mais la fête de Romme avait été improvisée. Elle n'en avait pas moins été couronnée du plus grand succès. L'enthousiasme ne se commande pas à jour fixe et ne se recommence pas. Le Directoire ne put donc galvaniser l'esprit public par ordre, mais il eut le mérite de faire ce qu'il pouvait pour en finir avec cette interminable liquidation des droits des anciens propriétaires.

Le 14 prairial an VII, le citoyen Desclozeaux prend la parole devant le conseil des Cinq-Cents ; il expose que l'estimation du Jeu-de-Paume ayant eu lieu le 19 thermidor de l'an II, les propriétaires auraient éprouvé une perte des neuf dixièmes de la valeur de leur immeuble par suite de la dépréciation des assignats. L'arpent étant évalué 30,000 livres, ils auraient reçu la valeur de deux ou trois arpents au plus, ce qui, d'après l'échelle de dépréciation, réduisait à quelques centaines de francs le montant de l'indemnité qui leur était due. En conséquence, il propose le projet suivant :

Le Jeu-de-Paume de Versailles retrace les souvenirs chers aux amis de la liberté ; il est le domaine sacré de la République, et le prix en est encore dû aux anciens propriétaires. Il est temps, représentants du peuple, qu'on ne parle plus de ce monument que pour rappeler le jour où les patriotes se lancèrent avec tant de courage au sein des orages d'une révolution.

Le rapporteur présente le projet suivant :

Art. 1er. Le Directoire exécutif est autorisé à céder aux anciens propriétaires du Jeu-de-Paume de Versailles des biens nationaux pour valeur égale : 1° à la somme de 73,000 francs à laquelle le Jeu-de-Paume a été estimé ; 2° et à laquelle monteront les intérêts de ladite somme.

Art. 2. Il sera procédé à l'estimation des biens nationaux dans les formes usitées en pareil cas.

Le projet est adopté.

Le 23 fructidor de la même année, Garat revient sur le même sujet et prononce le discours suivant :

L'affectation de prononcer sans aucun honneur le nom de l'Assemblée constituante, dans un décret sur le Jeu-de-Paume de Versailles, a été la première origine, et de ce silence ingrat qu'on a gardé depuis sur les services éminents de cette Assemblée et de ces accusations qui ne furent jamais connues réellement par les fondateurs glorieux de la République, mais qui leur fut suggéré par ceux qui brûlaient d'anéantir la liberté et la République, en couvrant, s'il était possible, de la haine du genre humain trompé et les membres de l'Assemblée constituante et les membres de la Convention. C'est depuis que ce décret fut rendu qu'un chef-d'œuvre des arts, destiné à retracer la séance et le serment du Jeu-de-Paume, resta suspendu et comme abandonné.

Reprends tes pinceaux patriotiques, immortel David, peins à la France les fondateurs de la liberté naissante. Ceux-là aussi furent héroïques, et achève ta gloire en achevant ce monument de la gloire et de la patrie !

Les sentiments du Jeu-de-Paume sont aussi impérissables que les droits du genre humain. Jamais on n'oubliera comment un de ces premiers représentants du peuple à qui un soldat posait une baïonnette sur la poitrine, lui cria : « Frappe, la Révolution en sera plus tôt faite. » Jamais on n'oubliera comment, dans ce Jeu-de-Paume dont les filets étaient transformés en une immense et superbe galerie de spectateurs attendris, fut commencée, par les premiers représentants du peuple, la régénération sociale de 1789.

Dans la législature, un membre proposa au corps législatif de se transporter autour du Jeu-de-Paume de Versailles pour y déposer comme dans un temple leurs soupçons, leur haine et leurs querelles. Ah! sans doute le nom seul de ce local réellement consacré par la religion de la liberté, doit produire sur des âmes profondément libres autant d'effet que sa présence. N'allons point à Versailles et ne prononçons point de serment.

Le conseil approuve le projet qui consistait à maintenir la résolution du 14 prairial.

Loi relative à l'indemnité due aux propriétaires du Jeu-de-Paume de Versailles, du 23 fructidor an VIII.

Le conseil des Cinq-Cents, après avoir entendu le rapport d'une commission spéciale,

Arrête :

Art. 1er. Le Directoire exécutif est autorisé à céder aux anciens propriétaires du Jeu-de-Paume de Versailles des biens nationaux pour une valeur égale : 1° à la somme de 73,500 livres à laquelle le Jeu-de-Paume a été estimé, et 2° à celle de laquelle monteront les intérêts de ladite somme.

Art. 2. Il sera procédé à l'estimation des biens nationaux par deux experts.

CORNET, président; HERWYN, LEMONNET, R. GOY.

2 vendémiaire an VIII. — Notification des anciens propriétaires du Jeu-de-Paume.

Demande de la ferme de Courtebœuf, provenant de l'émigré Grimauld d'Orsay, sise commune d'Orsay.

Nomination de Duclos, expert, architecte à Versailles.

VII.

LE COUP D'ÉTAT DE BRUMAIRE

Un Italien (1) aussi grand que César, plus profond que Machiavel, ses compatriotes, fit conspirer la puissance du conquérant avec toutes les ruses du traître de mélodrame pour renverser Siéyes et Barras, qui ne demandaient qu'à se vendre. Fouché, Talleyrand, Moreau, dont les noms sont le symbole par excellence de la trahison, prirent part au complot. L'Assemblée nationale du temps, c'est-à-dire le conseil des Cinq-Cents, fut amenée dans le guet-apens de Saint-Cloud ; la connivence du conseil des Anciens à la conjuration laissait bien peu d'espoir de résistance. Dans cette crise suprême, le souvenir du Jeu-de-Paume vint jeter un dernier reflet de liberté sur l'agonie de la République.

Grandmaison. — Je demande que nous fassions le serment de nous opposer au rétablissement de toute espèce de tyrannie...
Tous les membres prêtent individuellement le serment.
Bigonnet. — Le serment que vous venez de renouveler occupera sa place dans les fastes de l'histoire ; il pourra être comparé à ce serment célèbre que l'Assemblée constituante prêta au Jeu-de-Paume, avec cette différence qu'alors les représentants de la nation fuyaient l'atteinte des coups de l'autorité royale et avaient cherché un asile contre les baïonnettes dont ils étaient menacés, et qu'ici les armes qui ont servi la liberté sont entre des mains républicaines.
Une foule de voix : Oui ! oui !...

(1) C'est Napoléon lui-même qui a hautement revendiqué sa nationalité italienne en termes dédaigneux pour la France. (*Mémorial de Sainte-Hélène*, tome III, p. 264.)

Bigonnet. — Le premier serment fonda la liberté, le second la consolidera.

Les mêmes voix : Oui! oui!... (*Séance du 19 brumaire an VIII.* — Présidence de Lucien Bonaparte.)

Mais les grenadiers de Bonaparte étaient moins scrupuleux que les gardes du corps de Louis XVI. Le pas de charge, commandé par Murat, triompha sans peine d'une poignée de législateurs sans défense. Le coup de force de brumaire fut consommé (1). La Révolution était close, l'Empire commençait. La salle du Jeu-de-Paume fut fermée. Le temple de Janus s'ouvrit jusqu'au jour où les blessés de 1815 vinrent trouver un asile dans le temple du Serment, changé momentanément en hospice militaire.

Ce n'était pas assez pour le nouveau gouvernement d'oublier les souvenirs du 20 juin 1789 ; une nouvelle destination fut donnée à la salle : elle devint l'atelier de Gros. Eugène Delacroix, qui savait aussi bien tenir la plume que le pinceau, a raconté comment, dans un article plein d'intérêt (*Revue des Deux-Mondes* de 1848, p. 649).

Un arrêté des consuls avait ordonné l'exécution d'un tableau, *le Combat de Nazareth*, dans lequel Junot, à la tête de cinq cents hommes, avait défait complètement une armée de six mille Turcs ou Arabes; un concours avait été ouvert à cet effet, et Gros avait été choisi à l'unanimité pour traiter ce tableau. Les dimensions devaient être gigantesques, égales aux *Pestiférés de Jaffa* et à *la Bataille d'Aboukir* réunis.

Gros avait été installé dans le Jeu-de-Paume de Versailles pour y exécuter son tableau. Déjà l'immense châssis était préparé et l'artiste impatient avait dessiné sur la toile le trait de sa composition :

(1) Quelle serait notre position, dit Bonaparte dans la séance nocturne du 19 brumaire, si le conseil des Cinq-Cents allait retourner au Jeu-de-Paume?... Lucien répond : Représentants du peuple ! la liberté française est née dans le Jeu-de-Paume. Depuis cette immortelle séance, elle s'est traînée jusqu'à vous en proie aux maladies convulsives de l'enfance... Si la liberté naquit dans le Jeu-de-Paume de Versailles, elle fut consolidée dans l'Orangerie de Saint-Cloud. Les constituants de 89 furent les pères de la Révolution, mais les législateurs de l'an VIII seront les pères et les pacificateurs de la patrie !

tout à coup l'ordre lui arrive de suspendre son ouvrage. On a attribué cette décision à une mesquine jalousie du premier consul, quoique cette opinion ne soit confirmée par aucune preuve. . Quoi qu'il en soit du motif réel de ce changement, le premier consul devait une éclatante compensation à l'artiste : elle ne se fit pas attendre. Gros fut chargé par lui de peindre l'intérieur de l'hôpital de Jaffa au moment où le général en chef visite et console les pestiférés. Ce magnifique sujet, aussi approprié que l'autre au tempérament de l'artiste, alluma de nouveau sa verve et devint l'occasion du chef-d'œuvre qui allait mettre le sceau à sa réputation. En moins d'un an l'ouvrage fut achevé et devint l'ornement du salon de 1804.

Pendant tout le temps, Gros habita la maison Vaussy, plus tard Reboul, au coin des rues de Gravelle et du Jeu-de-Paume. (*Souvenirs de M. Delanoue*, père du peintre de paysage.)

Cependant on rapporte que Gros, tourmenté par des rhumatismes, était obligé de se faire étendre sur des planches pour se soustraire à son mal.

Cela n'empêcha pas qu'il ne produisît un chef-d'œuvre. Les artistes, ses camarades et ses émules, suspendirent au-dessus de son tableau une branche de palmier et chargèrent le cadre de lauriers; puis un banquet fut organisé en son honneur par souscription. David, Girodet, Denon y assistaient. On porta de nombreux toasts au jeune maître : « Les beaux arts sont frères des muses, dit le *Moniteur*, nos artistes savent aussi manier la lyre et ne s'en acquittent pas sans grâce. Vient une citation de vers fort beaux de Girodet; il dit à Gros:

> Emule heureux de Paul (1), rival du Titien,
> Leur immense talent est devenu le tien.
> Poursuis ta destinée...
> Et toi, sage Vien, David, maître illustre,
> Jouissez de vos soins; dans son sixième lustre
> Votre élève déjà de toutes parts cité
> Auprès de vous vivra dans la postérité !

1) Véronèse. — *Moniteur* du 4 vendémiaire an XIII (26 sept. 1804).

« Il avait également été l'objet d'une ovation d'un autre genre dont il n'était pas moins fier quand il la racontait avec ce feu et cette éloquence naturelle qu'il mettait dans ses discours. Après l'achèvement du tableau de Versailles, il avait admis dans son atelier des visiteurs. Le nombre s'en était grossi à tel point qu'un bosquet de lilas, qui se trouvait près de la porte, disparut en peu de jours sous les pas de la foule. Et quand il fallut à la fin emporter le tableau et fermer l'atelier, des ouvriers en grand nombre, des hommes du peuple frappant aux portes ou montant sur les épaules les uns des autres, se montraient aux fenêtres, un écu de 6 francs à la main, et suppliaient Gros de les recevoir.

« Au salon de 1806 qui suivit, la *Bataille d'Aboukir*, commandée par Murat, montrait à un plus haut degré les qualités de l'artiste, moins peut-être la belle ordonnance qui avait marqué dans son premier ouvrage, mais par la grandeur du dessin, par l'éclat de la couleur, par une hardiesse, une vigueur incomparables, le peintre s'élevait à une hauteur qui a marqué, si nous ne nous trompons, l'apogée de son talent. » (*Gros et ses ouvrages célèbres*, Eugène Delacroix, *Revue des Deux-Mondes*, 1848, t. XXXIII, p. 649.)

Nous regrettons que la fête dont nous venons de parler n'ait pas eu lieu dans le Jeu-de-Paume. Le triomphe eut été complet pour David et pour Gros, son élève. Mais on sait bien que ces souvenirs n'étaient plus de saison. Nous allons en trouver ici une preuve éclatante.

En 1806, Mounier mourait. Le serment du 20 juin était son œuvre et son principal titre devant la postérité. Une notice biographique fut publiée sur lui à Grenoble par un de ses compatriotes, l'homme le plus minutieusement exact qui ait jamais existé. Nous avons nommé M. Berriat-Saint-Prix. La brochure est considérable ; elle a 70 pages in-8°. Il n'est pas dit un mot du serment du Jeu-de-Paume ni même de l'Assemblée constituante. On n'aurait pas osé !

VIII.

LA RESTAURATION (1814-1830)

L'indifférence de l'Empire pour le Jeu-de-Paume devint sous la Restauration de la fureur. Le 20 juin était le point de départ et le germe de la Révolution. Tout le mal était là. Aussi la plaque du serment fut-elle retournée contre la muraille; trop heureux encore qu'on ne l'ait pas effacée ou détruite ; l'inscription de la Société des Jacobins fut enlevée et disparut on ne sait où ; le mur qui donne sur la rue du Jeu-de-Paume fut éventré, une large baie fut ouverte, les galeries détruites, le temple de 1789 devint un ignoble magasin pour les décors et les friperies du théâtre du Palais. Les invectives de Marat furent rééditées en ces termes :

Du rétablissement de la monarchie,
Par M. F....., en 1814.

Tous ceux qui prêtèrent le serment du Jeu-de-Paume *sans exception* trahirent l'Etat, étaient criminels de lèze majesté et devaient être jugés comme tels. Les noms de ceux qui se rendirent ainsi parjures doivent être gravés, avec le burin d'une vérité *vengeresse*, dans les annales de la monarchie qu'ils ont détruite. Il n'est point pour eux de repentir qui puisse les justifier au tribunal inexorable de l'histoire. L'inscription de leurs noms sera et il est dès aujourd'hui leur arrêt. Ce ne sera point à des *Brissot*, des *Marat*, des *Manuel* que la postérité demandera compte de tant d'horreurs et de calamités, ce sera à ceux dont les noms ont seuls figuré dans les premiers moments de la Révolution. (Mémoire adressé au roi en juillet 1814 par Carnot. — V. les notes, p. 100.)

Un descendant de Martin de Castelnaudary demande et obtient en 1814 de prendre le nom de Martin d'Auch, l'opposant de 1789 (1).

En 1823, la vogue revient au tableau de David. On le fait graver par souscription et une brochure, par Germain, paraît avec ce titre : *Le Serment du Jeu-de-Paume*, (20 juin 1789).

Les expulsions scandaleuses de l'abbé Grégoire, de Manuel donnaient d'ailleurs à ces souvenirs du passé un intérêt d'actualité que la Révolution de 1830 ne tarda pas à faire revivre. « Cette espèce de gymnase, construit pour de frivoles exercices que l'Assemblée nationale avait changé en sanctuaire de la liberté, cette enceinte va bientôt retentir de nouveau des accents du patriotisme le plus énergique. » On le croyait du moins.

(1) *De l'influence attribuée aux philosophes et aux illuminés sur la Révolution*, p. 100, *ad notam*.

XI.

LA MONARCHIE DE JUILLET (1830-1848)

Hélas ! la branche cadette des Bourbons n'était pas au fond beaucoup plus sympathique que la branche aînée pour les idées que réveille le Jeu-de-Paume ; elle le reçut comme un legs à titre onéreux mis à sa charge dans la dotation de la couronne. « Nous lui donnons Pau, Messieurs, dit M. de Schonen à la chambre comme nous lui donnons le Jeu-de-Paume de Versailles. » (Projet de loi sur la liste civile, 1832.) La monarchie de juillet ne fut pas très sensible à ce cadeau ; mais il faut lui rendre cette justice qu'elle s'acquitta honorablement des dettes qui en résultaient pour elle. Des réparations nombreuses étaient nécessaires ; elle les fit exécuter d'urgence. La plaque du serment fut réinstallée et remise au grand jour. L'édifice ne fut pas rendu à la destination historique que lui promettaient les décrets de la Convention, mais il ne fut pas livré de nouveau aux balles et aux raquettes ; il fut consacré au culte de l'art. Il devint l'atelier d'Horace Vernet : le grand peintre arrivait d'Afrique, il planta sa tente (1) ncore imprégnée des souffles du désert sur la place où Bailly avait dressé sa tribune improvisée, puis il peignit la prise de la Smalah, la bataille d'Isly, etc., etc. (2).

(1) Ce n'est pas une métaphore, Horace Vernet avait installé réellement sa tente algérienne dans le Jeu-de-Paume ; c'est là qu'il recevait, se reposait, etc.
(2) L'excellent M. Grolig, qui arrivait, lui aussi, d'Alger, lui servait d'aide et faisait avec beaucoup de talent le paysage de ses tableaux. Horace Vernet avait pour élève Vasili Timm, jeune sujet russe.

Le 20 juin 1839, eut lieu la célébration du 50ᵉ anniversaire du Jeu-de-Paume (1).

Ce fut la seule commémoration que la monarchie de Juillet décerna au Jeu-de-Paume.

On s'avançait vers 1848. Des bruits avant-coureurs étaient venus éveiller les anciens échos du Jeu-de-Paume; au delà du Rhin, la Chambre des députés prussienne, aux prises dès lors avec les violences de M. de Bismarck et menacée d'expulsion du lieu de ses séances, avait invoqué le serment du 20 juin 1789, ce type immortel du droit luttant contre la force. Bientôt la scène se rapprocha de nous; la discussion de l'adresse de 1848 ramena la question du droit de réunion. M. de Lamartine prononça à ce sujet ces belles et prophétiques paroles :

> Ecoutez un seul mot encore, celui-là seul pour lequel je suis soudainement monté à la tribune. Ce mot, le voici :
> Souvenez-vous du Jeu-de-Paume de 1789, à Versailles; souvenez-vous de ce Jeu-de-Paume d'où sortirent, pour la France, la Révolution, la liberté, avec toutes ses conséquences funestes et ses conséquences glorieuses, pendant les cinquante années qui viennent de s'écouler et pour les générations qui viendront après nous.
> Or, qu'est-ce que c'était que le Jeu-de-Paume et ses suites, Messieurs ? (Mouvement en sens divers.) Le Jeu-de-Paume et le serment qui en sortit n'étaient que le droit de réunion disputé au pays. (Violente interruption.) Le Jeu-de-Paume ne fut qu'un lieu de réunion fermé au pays par des ministres téméraires. (Exclamations diverses.)
> Les murmures ne m'empêcheront jamais d'accomplir mon devoir de député et d'avertir mon pays et le gouvernement des conséquences fatales que j'entreverrai dans un acte de la majorité.
> Oui, le Jeu-de-Paume, je le répète, et c'est par là que j'achève, ne fut qu'un lieu de réunion politique fermé par des ministres imprudents et rouvert par la main de la nation à la représentation du pays.

(1) V. *la Presse de Seine-et-Oise*, du 22 juin, même année.

Ce mot pour lequel M. de Lamartine montait à la tribune fut le dernier de la discussion.

Immédiatement après on vota et l'adresse fut adoptée.

Cet avertissement était le glas de la monarchie qui, sourde par système, ne voulut rien entendre. Quelques jours après elle sombrait dans des circonstances où il est impossible de ne pas voir quelque chose de plus que le doigt de la fatalité. Le parti d'Orléans, dans la personne de son chef, avait condamné Louis XVI à mort pour ne pas avoir su comprendre la leçon qui résultait pour lui du serment du 20 juin. Il fut jugé et condamné, à son tour, par la nation, pour un fait analogue. *Talio esto.* Le talion est la plus juste des peines.

X

LA RÉPUBLIQUE DE 1848

La proclamation de la République était pour le Jeu-de-Paume une résurrection. Aussi dès le 14 mars 1848 un banquet civique était organisé dans son enceinte. Présidée par Landrin, animée par la présence de tous les patriotes de Versailles, la fête fut digne du lieu, c'est-à-dire belle d'enthousiasme et de foi.

Horace Vernet n'avait pas dédaigné d'y prendre part, tout au moins comme ancien habitant de la salle.

Celui qui écrit ces lignes assistait à cette réunion. Il avait commencé depuis dix ans son travail de chroniqueur; il avait résumé en quelques lignes ses recherches déjà prêtes, mais tant d'orateurs avaient ému l'assemblée de leurs discours, tant de dithyrambes s'étaient succédé en prose et en vers qu'il eût été de mauvais goût de fatiguer l'attention de l'Assemblée. Il se contenta donc de publier l'allocution projetée dans le journal *le Courrier républicain* du 14 mars 1848. Il n'en détache qu'une phrase pour prendre date : « Je propose de réunir dans la salle du Jeu-de-Paume les glorieuses images des représentants du peuple, depuis celles de Bailly, de Mirabeau, de Barnave, qui fondèrent la république de 1792 jusqu'à celle du grand citoyen qui, le 12 février, plaçait la république de 1848 sous l'invocation du serment de 1789... »

Cette idée fut en partie réalisée. L'ébauche du tableau de David fut obtenue par nous et décora pendant quelques mois les murs du Jeu-de-Paume. On a comparé avec raison cette belle étude à un carton de Michel-Ange. Les figures, encore nues, ont la grandeur, l'énergie d'une peinture dantesque. Elle nous fut reprise et placée au Musée du Louvre, où il n'en est plus parlé. Avant d'y arriver et sans entrer dans le détail de tous les événements qui se sont succédé dans le Jeu-de-Paume, nous parlerons d'un incident, le seul qui nous paraisse digne de la majesté nationale.

En 1849, le Congrès des amis de la paix, après s'être réuni l'année précédente à Bruxelles, avait tenu à Paris ses mémorables séances, sous la présidence de Victor Hugo. Richard Cobden et Emile de Girardin, l'abbé Deguerry et M. Coquerel, ainsi qu'une foule d'hommes distingués s'étaient fait entendre avec le plus grand succès à la clôture des séances qui eut lieu le 25 août. Les délégués anglais invitèrent les délégués américains à un banquet qui devait être donné le lundi suivant dans la salle du Jeu-de-Paume à Versailles. Les eaux du parc devaient ensuite être jouées ainsi que celles de Saint-Cloud. On vit donc le lundi matin une longue file de personnages étrangers, arrivés par le chemin de fer de la rive droite, se diriger vers le Jeu-de-Paume, en passant par le boulevard de la Reine, la rue des Réservoirs et la cour du Château. Ils étaient tous recueillis, graves, silencieux, et observaient une exacte discipline. On ne pouvait s'empêcher d'être ému en pensant que ces braves gens, hommes et femmes, arrivaient des bords du Saint-Laurent ou de l'Orénoque et avaient traversé la mer pour témoigner, au prix de mille dangers, de leur foi dans un progrès non encore accompli. Le repas fut simple comme il convenait à la circonstance. Puis les toasts commencèrent. Richard Cobden remercia d'abord la France de l'accueil gracieux qu'elle avait fait aux Amis de la paix. Son discours fut applaudi chaleureusement et méthodiquement par des hurrahs prononcés, suivant la mode anglaise. Il céda la parole à M. Elihu Burrit, sorte de quaker, à la voix douce et inspirée, qui faisait songer aux hommes de la primitive Eglise, les premiers pionniers de la civilisation. On entendit ensuite M. Vincent, ouvrier anglais, dont l'éloquence avait été remarquée aux séances de la salle Sainte-Cécile, à Paris, et M. Ruck-Shée, un nègre qui, d'esclave, était devenu ministre protestant de l'Eglise presbytérienne. La séance se termina par une distribution de bibles de petit format que chacun des assistants reçut comme souvenir de la campagne pacifique qui se terminait (1). Un journal du temps dit à ce sujet :

« Les membres du Congrès de la paix n'ont pas appris sans émotion qu'ils étaient dans une salle à laquelle se rattache un des plus grands faits de notre histoire et dont la physionomie ne paraît pas avoir beaucoup changé depuis. En voyant quelques-uns des orateurs avec leur costume sévère et l'ancien habit à la française parler en tenant un livre d'une main et en s'appuyant de l'autre sur une petite table, nous nous sommes rappelés cette célèbre assemblée du Tiers-Etat et la figure de Bailly lisant la protestation historique. »

L'assimilation de Bailly à un quaker est assez juste, mais ce qu'il aurait fallu ajouter c'est que la journée du Jeu-de-Paume ne coûta pas une goutte de sang, et qu'à ce titre il méritait d'être choisi par les Amis de la paix pour lieu de leur réunion.

(1) Les membres du Congrès distribuèrent en outre diverses brochures ; nous en avons gardé une intitulée : *Incompatibilité de la guerre et de toute espèce de combat avec la dispensation évangélique,* par la Société religieuse des Amis, 1844.

XI

SECOND EMPIRE

Un seul homme eut le courage de railler, dans un discours officiel, l'idée du Congrès de la paix. C'était celui qui, après avoir promis la paix au monde au nom de l'Empire, devait entasser tant d'holocaustes humains depuis les massacres du boulevard jusqu'à Sedan. Il aurait mieux fait pour nous et pour lui de méditer les belles paroles de Victor Hugo : « Le Congrès, c'est l'Angleterre serrant la main à la France, c'est l'Amérique serrant la main à l'Europe. » Il préféra proscrire l'auteur de ces nobles pensées, décapiter le Panthéon, et disqualifier, s'il était possible, le temple du serment devenu le temple de la paix. Il semble pourtant que si jamais un édifice s'abritait sous la protection des principes de 89 que l'Empire affectait de proclamer immortels et de respecter, c'était celui-là ! Il n'en fut rien. Les vénérables dalles qui avaient vu le 20 juin furent barbarement arrachées et jetées aux gémonies des décombres, les murs furent badigeonnés. Ce que n'avaient pas osé faire la royauté de Louis XVI ni la Restauration, ce qu'avaient expressément défendu l'Assemblée constituante, la Convention, et plus encore le respect public, le second Empire l'accomplit. Un tripot fut rétabli, un jeu de paume fut reconstitué et affermé pour vingt-un ans à un sieur Bedel, sous-chef à la préfecture *de police*. C'était, dit-on, pour amuser MM. les officiers de la garde. En réalité, nous n'avons vu jouer que M. de Morny et ses affranchis, M. de Varaigne, notre concitoyen, et le plus souvent des Anglais. La spéculation ne réussit pas. Le maître du jeu fut ruiné et s'empressa de demander à la Liste civile impériale une indemnité de 27,000 fr. que celle-ci ne mit pas moins d'empressement à lui refuser [1]. L'affaire se traîna pendant plusieurs années dans les bureaux, et elle n'était pas terminée lorsque la catastrophe finale vint faire justice de cette profanation.

C'est à ces termes sommaires que se réduisent les fastes du second Empire dans le Jeu-de-Paume : un acte de vandalisme, suivi d'une déconfiture pécuniaire, juste punition d'une violation de la loi, que le souvenir du passé eût dû prévenir.

---

[1] Le sieur Lemaire, dont Bedel n'était que le prête-nom, se fonde sur ce qu'il a dépensé cette somme pour restituer au Jeu-de-Paume son aspect historique et pour construire une petite maison confortable, indispensable pour le garde du monument. (Mars 1868.)

XII

RÉPUBLIQUE DE 1870

RESTAURATION DU JEU-DE-PAUME EN 1880-82
PAR M. E. GUILLAUME
ARCHITECTE DU GOUVERNEMENT

Les dettes écrasantes léguées à notre malheureux pays par le régime tombé ne permirent pas pendant longtemps de songer à nos obligations envers l'histoire. Mais on sait avec quelle merveilleuse vitalité la France s'est relevée de ces désastres; les orages politiques se sont dissipés, et en 1880 a lui le jour d'une restauration complète pour notre glorieux édifice. Le bonheur a voulu que M. Guillaume (Edmond), grand prix de Rome, fût alors architecte du château de Versailles. La direction des travaux lui fut naturellement confiée; elle ne pouvait être remise à des mains plus intelligentes, plus délicates, plus dignes. Il y avait deux écueils à éviter : faire trop ou trop peu. M. Guillaume a admirablement résolu le problème. Sans parler des grosses réparations, qui arrivaient à temps, faute de quoi on n'aurait plus trouvé que des ruines, voici le plan de restauration que l'architecte a conçu et exécuté.

Tout ce qui constituait l'ancienne salle a été scrupuleusement respecté. Seulement au centre du mur oriental, au-dessus de l'inscription placée par Gilbert Romme, un édicule d'ordre dorique, sobre autant que sévère, a été élevé par M. Guillaume, de manière à encadrer la plaque du serment, à la faire ressortir sans en paralyser l'effet.

Cet édicule, de 4 mèt. 80 c. de hauteur sur 3 mèt. 12 c. de largeur, se compose d'un fronton triangulaire en pierre, (banc royal de Courson), qui porte sur deux colonnes en marbre rance, provenant du bosquet des Dômes (anciens Bains d'Apollon du parc de Louis XIV). Au-devant, sur la plate-forme où reposent les deux colonnes, la statue de Bailly en pied lisant la formule du serment (1). Autour de la salle règne une frise décorée d'une grecque en dessus et de *postes* en dessous. Sur cette frise sont peints les noms des sept cents signataires du procès-verbal, qui semblent ainsi évoqués pour assister à la commémoration de l'événement *(Voir aux pièces justificatives)*. Vingt bustes des hommes les plus éminents de l'Assemblée sont rangés près de Bailly et complètent l'illusion :

Grégoire, Boissy-d'Anglas, Delareveillère-Delépeaux, Rabaut de Saint-Étienne, Mirabeau, Siéyes, Dom Gerle, Petion de Villeneuve, Camus, Merlin de Douai, Thouret, Lanjuinais, Barnave, Buzot, Le Chapelier, Volney, Target, Tronchet, Monnier et Jallet.

La seconde inscription due à la Société des amis de la Constitution de Versailles, inscription malheureusement perdue, a été reproduite par M. Guillaume sur l'architrave de l'édicule (2); dans le tympan du fronton, cette date en lettres d'or : 20 Juin 1789. Au-dessus des flammes aussi en or symbolisent l'aurore naissante de la liberté; l'étoile du matin qui se lève, et enfin le coq gaulois agitant ses ailes (3), forment une allégorie de très bon goût, qui est entièrement due à M. Guillaume.

Au-dessus de la plaque, la tête du lion populaire, sculptée en pierre, et une guirlande de chêne. L'inscription elle-même a été restaurée et les clous de bronze dont il est parlé sont reposés.

(1) Cette statue est de M. R. de St-Marceaux.
(2) V. p. 41.
(3) Ce coq, en bronze doré, est de M. Cain.

Sur le pignon intérieur nord sera placé le tableau de David, peint en camaïeu par M. L. Olivier Merson.

En face, sur le pignon intérieur sud, on a tracé l'inscription que la Convention a décernée à notre ville :

VERSAILLES A BIEN MÉRITÉ DE LA PATRIE.

Au-dessous le décret rendu en 1848 par le ministre de l'intérieur : Ledru-Rollin.

R. F.

24 mars 1848.

Le ministre de l'intérieur,

Considérant que les monuments historiques dont l'Etat assure la conservation doivent comprendre non seulement les édifices précieux sous le rapport de leur exécution ou de l'histoire des arts en France mais encore ceux qu'un souvenir glorieux recommande au respect du peuple;

Considérant que la salle du Jeu-de-Paume de Versailles est le lieu où pour la première fois s'est produite avec éclat et solennité la volonté nationale;

Arrête :

LE JEU-DE-PAUME EST CLASSÉ PARMI LES MONUMENTS HISTORIQUES.

De chaque côté, dans une couronne de chêne, deux strophes empruntées au poème d'André Chénier.

> Qu'au lit de mort, tout Français pleure,
> S'il n'a point vu ces murs où renait son pays.
> Que Sion, Delphe, et la Mecque et Saïs
> Aient de moins de croyants attiré l'œil fidèle.

> Que ce voyage souhaité
> Récompense nos fils. Que ce toit leur rappelle
> Ce Tiers-Etat, à la honte rebelle,
> Fondateur de la liberté.

Telles sont les principales améliorations dues à M. Guillaume. N'oublions pas d'autres mesures de détail qui ont leur valeur. Ainsi les filets replacés aux fenêtres, les anciennes portes rétablies à leur place, les calorifères si nécessaires pour la conservation de l'édifice, les vitrines disposées au milieu de la salle et qui contiendront les documents et objets historiques se rattachant au Jeu-de-Paume et à la première période de la Révolution, dont Versailles a été le témoin.

Au dehors, au-dessus de l'entrée sud, M. Guillaume a fait placer une table de marbre noir, sur laquelle est gravée en lettres d'or l'inscription composée, à la demande du ministre de l'intérieur, François de Neufchâteau, par l'Institut national (Pluviôse an VII. — 30 janvier) :

« Dans ce Jeu-de-Paume, le 20 juin 1789, les députés du
« peuple, repoussés du lieu ordinaire de leurs séances, jurè-
« rent de ne point se séparer qu'ils n'eussent donné une Cons-
« titution à la France : ils ont tenu parole. »

En dehors flotte le drapeau national.

Et maintenant la vieille nef est pieusement restaurée par la République, qui est sortie de ses flancs, elle est rajeunie par l'art, pavoisée aux trois couleurs. Puisse-t-elle voguer de conserve avec le vaisseau de la patrie, comme lui, impérissable à jamais !

PIÈCES JUSTIFICATIVES

De par le roi.

Le roi ayant résolu de tenir une séance royale aux Etats-Généraux, le 22 juin 1789, les préparatifs à faire dans les trois salles qui servent aux assemblées des trois ordres exigent que ces assemblées soient suspendues jusqu'après la tenue de ladite séance. Sa Majesté fera connaître par une nouvelle proclamation l'heure à laquelle elle se rendra lundi à l'Assemblée des Etats.

Lettre de M. de Brezé à M. Bailly.
(Versailles, 20 juin 1789).

Le roi m'ayant ordonné, Monsieur, de faire publier par des hérauts l'intention dans laquelle Sa Majesté est de tenir lundi, 22 de ce mois, une séance royale et en même temps la suspension des assemblées que les préparatifs à faire dans la salle des trois ordres nécessitent, j'ai l'honneur de vous en prévenir.
Je suis, etc.

Réponse de Bailly.

Je n'ai encore reçu aucun ordre du roi, Monsieur, pour la séance royale ni pour la suspension des assemblées, et mon devoir est de me rendre à celle que j'ai indiquée pour ce matin à huit heures.
J'ai l'honneur d'être, etc.

Réponse de M. de Brezé à M. Bailly.
(20 juin 1789).

C'est par un ordre positif du roi que j'ai eu l'honneur de vous écrire ce matin, Monsieur, et de vous mander que Sa Majesté voulant tenir une séance qui demande des préparatifs à faire dans les trois salles d'assemblée des ordres, son intention étoit qu'on n'y laisse entrer personne, que les séances fussent suspendues jusqu'à celle que tiendra Sa Majesté.
Je suis, etc.

PIÈCES JUSTIFICATIVES. 77

Suite du procès-verbal de l'Assemblée nationale du mercredi 17 février 1790 (V. pages 28 et 29).

L'honorable membre Cazalès a répondu qu'il s'agissoit de fixer l'époque où finiroit la session actuelle. Sur quoi il a été observé qu'il étoit impossible de statuer sur cet objet, l'Assemblée ne pouvant se séparer avant que la Constitution fût achevée.

Un membre a demandé que la motion fût ajournée au moment où la Constitution seroit faite.

La discussion s'est établie sur l'ajournement. Un membre a rappelé le serment qui nous oblige à ne pas quitter l'Assemblée que la Constitution ne soit établie, serment qui rendait impossible toute délibération, sur la motion proposée, si elle tendoit à y porter la moindre atteinte.

Le député qui avoit fait la motion ayant repris la parole, il a proposé le décret suivant :

1° Dès que les départements seront assemblés, ils éliront de nouveaux députés à l'Assemblée nationale ;

2° Aucun des membres de la législature actuelle ne pourra être élu pour celle qui la remplacera ;

3° Le roi sera supplié de convoquer la nouvelle Assemblée nationale dans une ville distante de Paris, au moins de trente lieues.

Un membre de l'Assemblée, qui n'avoit pas eu le bonheur de s'y trouver le 20 juin, a demandé d'être admis à prêter le serment patriotique qui avoit fait pour tous les membres de l'Assemblée nationale un devoir sacré de ne point se séparer avant d'achever l'ouvrage de la Constitution. Aussitôt un grand nombre de députés se sont levés et ont adhéré avec transport au serment prêté par l'opinant. (*Extrait des procès-verbaux de l'Assemblée constituante.*)

BEAUX-ARTS.

Le citoyen David, peintre, à ses concitoyens souscripteurs pour le tableau du serment du Jeu-de-Paume.

Les demandes répétées de plusieurs citoyens à l'occasion de leur souscription au tableau dont il s'agit, celle qu'exerce en ce moment un citoyen résidant à Guignes, et l'erreur où l'on pourroit tomber en croyant faussement que cette souscription a tourné à mon profit, me font un devoir de donner au public une explication à ce sujet et dissiper une fois pour toutes les doutes qui pourroient rester dans les esprits.

La Société des amis de la constitution de Paris et celles de toute la France, voulant perpétuer par un monument des arts le souvenir du serment du Jeu-de-Paume, arrêtèrent et ouvrirent à cet effet une souscription pour un tableau de 32 pieds.

Trois mille actions à 24 livres devoient former un produit de 72,000 livres qui devoit se distribuer ainsi, savoir : 36,000 livres à l'artiste, 6,000 pour la bordure et 30,000 pour la gravure, dont chaque souscripteur devoit recevoir un exemplaire : on voit que jusqu'ici je ne suis pour rien dans cette entreprise. La Société célèbre dont j'ai parlé nomma pour son receveur un citoyen recommandable, feu Gerdret, et en même temps me fit l'honneur de me choisir pour l'exécution du grand ouvrage qu'elle avoit en vue. Elle arrêta elle-même le modèle des quittances imprimées, qui seroient délivrées aux souscripteurs, où on lit : *Quittance de souscription arrêtée par la Société des amis de la constitution à Paris*, et le reçu étoit terminé par ces mots : *Conformément à l'arrêté pris par la Société*; ici il devient évident que ce n'étoit ni mon ouvrage ni mon fait.

Partageant l'enthousiasme de mes concitoyens, je n'attendis pas pour commencer le tableau que les fonds destinés à le payer fussent recueillis. Quel fut le succès ? Voici ce qui arriva. Gerdret, préposé par la Société et non par moi, reçut en tout six cent cinquante-deux souscriptions, tant au comptant qu'à crédit, et dans ce nombre j'avois pris moi-même cent billets dont je n'ai placé qu'une petite partie.

Le 13 juin 1791, toujours en vertu d'un arrêté de la Société, Gerdret me remit une somme de 5,631 livres, et après son décès (frimaire an II) j'ai reçu de ses héritiers une autre somme de 993 livres par forme d'acompte. Le public me jugera sur ce point : pendant quinze mois entiers, je n'ai jamais eu d'autre pensée que le sujet donné. J'ai conçu, composé, ordonné le tableau et j'en ai fait l'esquisse ; chaque jour je payais un nouveau modèle pour dessiner le nu de mes personnages. J'ai constamment employé deux et trois collaborateurs pour m'aider dans l'exécution. Le dessin du tableau est fini sur la toile ; quatre figures principales étoient déjà peintes ; une esquisse, pour la gravure, sur une échelle réduite à un pouce par pied étoit préparée quand des événements politiques sont venus suspendre mes travaux et le cours de la souscription. J'ai dépensé le triple de ce que j'ai reçu ; les assignats qui m'avoient été donnés sont demeurés sous le scellé pendant ma longue arrestation et ont éprouvé l'effet d'une rapide dépréciation.

Je fais de bon cœur le sacrifice de mes pertes à la liberté, et je pense que les citoyens qui ont placé une modique somme de 24 liv. dans une souscription qui n'a pas eu son effet, professeront en cette occasion les mêmes sentiments.

Salut.

DAVID, peintre, membre de l'Institut. — *Mon.*, 7 frimaire an X.

Dans un projet de mémoire, qui n'a pas été publié, David a demandé une somme de 175,000 francs pour terminer le tableau du Serment. Il avouait que la somme était un peu forte, mais il offrait de remplacer les constituants qui lui paraissaient trop pâles par des figures de montagnards mieux pensants et plus appropriés à la circonstance. C'était, il est vrai, disait-il, un anachronisme. Cependant, des exemples de peintres illustres autorisaient à commettre ce carnaval d'un nouveau genre. Nous ignorons à quels exemples David faisait allusion et nous eussions été heureux de les connaître. Il y aurait eu là un complément aux caricatures commandées par le comité de Salut Public au Raphaël des *Sans-Culottes*, et il eût été curieux de voir David invoquant l'autorité de Rembrandt.

MONUMENT ÉLEVÉ DANS LE JEU-DE-PAUME

LE 20 JUIN 1790

Détail extrait des procès-verbaux de la Société du serment du Jeu-de-Paume.

Plusieurs patriotes réunis à Paris, ayant formé depuis longtemps le projet d'élever dans le Jeu-de-Paume de Versailles un monument destiné à rappeler à la postérité l'époque, le lieu et la nature du serment prêté le 20 juin 1789 par les représentans des communes de France, la cérémonie en fut fixée au 20 de ce mois, anniversaire précis de cet événement mémorable; des commissaires furent nommés pour s'occuper des préparatifs; des artistes, membres de cette société, se chargèrent d'exécuter ce monument, conformément au programme qui en fut arrêté, et il fut convenu qu'avant tout la société présenteroit son monument, et feroit hommage de son dessein à l'Assemblée nationale.

En conséquence, le samedi 19 juin au soir, la société chargea M. G. Romme, son président, et dix-huit de ses membres, d'aller offrir à l'Assemblée nationale le monument qu'elle se proposoit de porter le lendemain à Versailles, et qui consiste en une table d'airain incrustée dans un marbre vert antique, auquel elle est fixée par quatre clous de bronze, avec l'inscription suivante :

« Les représentans des communes de France, constitués en Assemblée nationale le 17 juin 1789, ont prêté ici, le 20 du même mois, le serment qui suit : »

« Nous jurons de ne jamais nous séparer, et de nous rassembler partout où les circonstances l'exigeront, jusqu'à ce que la Constitution soit établie et affermie sur des fondemens solides. »

Et au bas est écrit : « Placé le 20 juin 1790 par une société de patriotes. »

Ce monument, disposé sur un brancard, orné de draperies et de banderoles aux couleurs de la nation, et couronné de branches de chêne, fut porté à l'Assemblée nationale par les membres mêmes de la députation, quatre pauvres tenant en main les banderoles. La députation ne put être admise que sur les onze heures et demie du soir. Alors le monument introduit par la grande entrée du côté gauche, et porté par le même cortége, fut placé devant le bureau du président. De nombreux applaudissemens se firent entendre, et M. Anaclet (1), membre de la députation, prononça l'adresse suivante :

« Messieurs,

« Trois habitans des Alpes, réunis sur les bords du lac des quatre cantons, jurèrent de rendre la Suisse libre, et la Suisse fut libre. Leurs noms sont gravés sur les rochers, leurs vertus sont devenues la leçon des siècles, et le lieu où leur serment immortel est écrit est encore aujourd'hui le point de ralliement et l'objet de la vénération de tous les hommes libres.

« Des Français ont fait graver sur le bronze le serment que les représentans de la nation ont prêté dans le Jeu-de-Paume. Ils le présentent à l'Assemblée nationale comme une offrande faite aux peuples et aux siècles. Demain, l'anniversaire du jour où il a été prononcé, ils le porteront religieusement, et le placeront dans le lieu que vos vertus ont consacré. »

(1) Ci-devant religieux de l'ordre de Saint-François.

M. Menou, président pour M. Sieyès, fit la réponse suivante :

« Messieurs,

« L'Assemblée nationale avoit promis solennellement l'année dernière de ne pas se séparer que la Constitution ne fût entièrement décrétée. Ce serment, elle l'a tenu et elle le tiendra, je le renouvelle ici en son nom.

« Vous ne nous devez nuls remercîmens, messieurs ; l'Assemblée nationale n'a rempli que ses devoirs ; mais c'est à vous, c'est aux citoyens de Paris, que dis-je ? c'est à tous les Français qu'elle doit son existence, et à l'opinion publique, sa force. Soutenue par l'énergie et le courage qui animent la majeure partie des habitans du royaume, elle triomphera de tous ses ennemis, et verra bientôt le terme de ses opérations. Son but sera rempli, la France sera heureuse, et le monument que vous allez élever sera l'autel autour duquel se rallieront tous les amis de la liberté. »

L'Assemblée nationale a ordonné l'impression et l'insertion dans le procès-verbal tant de l'adresse que de la réponse de M. le président.

En attendant que le bureau pût délivrer à la société une expédition du procès-verbal de sa réception à l'Assemblée nationale, M. Dumouchel, l'un des secrétaires, remit à la députation le certificat suivant :

« Je soussigné, secrétaire de l'Assemblée nationale, certifie à quiconque il appartiendra que le monument érigé par des citoyens de Paris en l'honneur du serment prêté dans le Jeu-de-Paume de Versailles le 20 juin 1789, a été agréé par l'Assemblée nationale, pour être posé dans le Jeu-de-Paume où le serment a été prêté. A Paris, ce 19 juin 1790.

Signé, Dumouchel, *secrétaire.*

Le lendemain 20 juin, la société se rendit à neuf heures du matin au neuvième mille sur la route de Versailles. A cet endroit, les membres arrivés se mirent en ordre de marche sur deux files, chacun une branche de chêne à la main ; le monument porté par huit sociétaires au centre de la colonne, dans le même état et de la même manière qu'il avoit été présenté la veille à l'Assemblée nationale, deux maîtres de cérémonies en avant pour maintenir l'ordre, le président et les deux secrétaires à la tête.

Peu après, et loin encore de l'entrée de Versailles, on vit arriver une troupe de citoyens de cette ville. Avec eux étoit M. le Cointre, président du département de Seine-et-Oise, qui exprima à la société, en son nom et en celui des citoyens qui l'accompagnoient, l'intérêt qu'ils prenoient à cet acte de piété civique et leur désir d'y participer. Les citoyens de Paris partagèrent avec leurs frères de Versailles les branches de chêne dont ils s'étoient munis, en les invitant à se mêler indistinctement dans les deux files, et la marche continua.

A peu de distance, il se présenta un détachement de la garde nationale de Versailles, commandé par M. Dubreton, leur capitaine. M. Dubreton annonça qu'il s'étoit empressé d'accourir avec les citoyens qui le suivoient, quoique venant de descendre leur garde, pour offrir une garde d'honneur à leurs frères de Paris, et les prier de les admettre à l'honneur de s'unir d'intention avec eux, dans une cérémonie aussi intéressante pour tous les patriotes. Cette offre fut acceptée avec la plus vive reconnoissance.

A mesure que la marche avançoit, une foule de citoyens et de citoyennes, de tout âge et de tout état, demandoient à s'y joindre, recevoient des rameaux de chêne de la main des sociétaires, et prenoient indistinctement place dans les deux files. Tous se disputoient et obtenoient l'avantage de porter à leur tour le monument, ou de soutenir du moins les banderoles nationales qui en décoroient le support. Parmi eux, on distinguoit les dames de la halle de Versailles, plusieurs autres dames, des pauvres, des enfans des deux sexes, des pages du roi, et plusieurs soldats et officiers, tant de la garde nationale que du régiment de Flandre, des chasseurs de Lorraine, des invalides et de la maréchaussée. Tous les postes se mettoient sous les armes, et rendoient successivement au cortége les honneurs militaires. Pendant toute la marche, et malgré un soleil très-ardent, les membres qui la formoient ont constamment tenu le chapeau bas.

Arrivée en face de l'ancienne salle de l'Assemblée nationale, la marche s'arrêta pour faire une station religieuse devant cet endroit cher au souvenir des amis de la révolution. Un discours relatif à cette intention fut prononcé par le président, et suivi de la lecture de l'adresse présentée la veille à l'Assemblée nationale. Elle fut vivement applaudie, et les cris multipliés de *vive la nation, la loi et le roi* se firent entendre de toutes parts.

En face de l'hôtel de ville (1), la marche s'arrêta une seconde fois, et une députation de huit membres, le président à leur tête, alla faire part à MM. les officiers municipaux, alors assemblés, des intentions de la société, et du certificat obtenu la veille. Ces messieurs reçu-

---

(1) L'hôtel de Conti, l'hôtel de ville actuel.

rent la députation avec honnêteté, et exprimèrent le désir de participer en corps à la cérémonie.

La députation revenue, la marche fut reprise au milieu d'une affluence extraordinaire de peuple, qui se multiplioit à chaque pas, et parmi lequel on a constamment observé les marques d'un respect tranquille et d'une émotion douce et religieuse.

Arrivée dans la rue du Jeu-de-Paume, la société rencontra, quelques pas en avant de l'entrée, MM. les officiers municipaux, M. le maire à leur tête, avec leurs écharpes de cérémonie. M. le maire annonça que si MM. les officiers municipaux ne s'étoient pas joints immédiatement à la marche, ce n'avoit été que pour la recevoir au Jeu-de-Paume même.

Entrée dans le Jeu-de-Paume, pénétrée des sentiments de doux et patriotique attendrissement dont l'aspect de cette auguste enceinte remplissoit tous les cœurs, la société ne put néanmoins s'empêcher d'être sensible à l'attention que l'on avoit eue d'y préparer des siéges, avantage dont on se rappeloit avec émotion que nos représentans n'avoient pas joui d'abord, et dont ils n'avoient ensuite été redevables qu'aux soins privés, osons même dire, au courage du maître du jeu de paume (M. Lataille). L'opération de sceller le monument fut commencée sur le champ entre onze heures et midi, heure à laquelle, un an auparavant, à pareil jour et dans le même lieu, l'Assemblée nationale avoit prononcé cet immortel serment qui a sauvé la France. Le monument est placé dans le mur, en face de l'entrée, vis-à-vis de l'endroit où étoit le bureau sur lequel le serment fut prononcé. Il y est scellé avec des pierres tirées des fondations de la Bastille, et apportées à cet effet de Paris par la société. L'honneur de le poser avoit naturellement été déféré aux artistes qui l'avoient exécuté, mais, d'après le désir très-vif qui en fut manifesté, plusieurs citoyens tant de Versailles que de Paris ont été admis à l'avantage de les aider.

Le scellement achevé, tout le monde a pu contempler à son aise ce monument simple, comme le doivent être les monumens de la liberté, consacré dans ce lieu par le patriotisme, et mis, en présence d'une assemblée nombreuse et attendrie, sous la sauvegarde de tous les amis présents et à venir d'une Constitution fondée pour le bonheur des peuples, sur les saintes bases de l'égalité de droits entre les hommes.

M. Naudet (1), pour le président, a exprimé cette intention par un discours plein de sensibilité et de patriotisme, suivi d'une se-

(1) Comédien français et sociétaire.

conde lecture de l'adresse de la société à l'Assemblée nationale, et le président a proposé de renouveler dans le lieu sacré de la présente séance, à la vue du monument qui venoit d'y être placé, le serment civique décrété le 4 février dernier. Il l'a prononcé lui-même le premier, la main sur l'airain du monument, monté sur l'estrade qui avoit servi à le sceller, et tous les assistans l'ont répété avec transport. Alors M. le maire de Versailles, après avoir invoqué cette égalité fraternelle, qui devoit désormais unir tous les cœurs et confondre tous les intérêts, s'est écrié : *Vive la nation, vive la loi, vivent nos dignes représentans, vive longtemps, pour le bonheur de ses peuples, Louis XVI, restaurateur de la liberté française.* Cette acclamation est partie à l'instant de toutes les bouches, accompagnée d'un roulement de tambours des troupes présentes à la cérémonie.

La motion a ensuite été faite par M. Lefèvre, graveur et membre de la société, d'appeler au même serment quelques citoyens pauvres de Versailles qui s'étoient joints à la marche, et parmi lesquels on remarquoit M. Delsaux, vieillard de plus de quatre-vingts ans, très-infirme et très-pauvre. Pendant qu'ils le prêtoient, le même membre a proposé de joindre en leur faveur un acte de bienfaisance à tous ceux de patriotisme qui venoient de signaler cette touchante journée. Tout le monde s'est empressé d'apporter son offrande, et l'on a recueilli en un instant une somme de 298 livres 8 sous, dont MM. les officiers municipaux ont fait sur le champ la distribution à ces huit pauvres, en donnant un louis à chacun, et le surplus, par moitié, aux deux plus âgés d'entre eux.

M. Joseph, ex-gardien des capucins, et membre de la société, a ensuite proposé de prier MM. les officiers du département et de la municipalité de Versailles de prendre les précautions convenables pour mettre le monument à l'abri de toutes dégradations, ainsi que de consacrer le lieu où il venoit d'être déposé, en en faisant une église ou une salle d'assemblée administrative. MM. les officiers municipaux et M. le Cointre ont promis de prendre en considération l'une et l'autre proposition.

Alors la société, sur la motion de son président, et d'après la résolution prise par elle d'attendre le jour et la cérémonie d'aujourd'hui pour se constituer, s'est formellement constituée sous le titre de Société du serment du Jeu-de-Paume ; et une foule de citoyens de Versailles ont demandé avec empressement à y être admis.

MM. les officiers municipaux avoient cependant invité les membres de la société à venir se rafraîchir à l'hôtel de ville ; M. le Cointre avoit eu d'avance la même honnêteté. Mais avant de sortir, on a procédé à la lecture et aux signatures des deux procès-verbaux qui venoient d'être rédigés, l'un par le secrétaire-greffier de la municipalité de Versailles, et l'autre par l'un des secrétaires de la société. Pendant les signatures, qui ont été très-nombreuses, la musique du régiment de Flandre a exécuté plusieurs morceaux de musique militaire.

A la sortie du Jeu-de-Paume, le cortége étoit attendu par un grand nombre de gardes nationales de Versailles, à qui la cérémonie avoit laissé le temps de se rassembler. Elles formoient une haie serrée sur toute la route qui restoit à parcourir. La marche a été reprise, précédée de la musique du régiment de Flandre, des tambours de toutes les troupes, et d'un détachement de grenadiers et de chasseurs volontaires. Tout ce cortége est entré dans le plus grand ordre à l'hôtel de ville, les troupes formant garniture à mesure qu'elles arrivoient, les officiers municipaux, les citoyens et les sociétaires défilant au milieu.

Tout le monde étant rassemblé dans la grande salle de l'hôtel de ville, M. le Maire a adressé un discours de remerciment aux troupes et aux citoyens de l'ardeur patriotique dont ils avoient donné des preuves pendant toute la cérémonie. On s'est rafraîchi, et lorsque les citoyens de Paris se sont retirés, MM. les officiers municipaux les ont reconduits jusqu'à la grille sur l'avenue de Paris.

Une députation de la société s'est ensuite rendue chez M. le Cointre pour répondre à l'honnêteté de son invitation, et le remercier de toute la part qu'il avoit prise à tout ce qui venoit de se passer. Elle y a été reçue avec toute la cordialité qui distingue le caractère connu de cet excellent citoyen, et y a trouvé un nombre considérable de ses frères de Versailles. On s'est embrassé ; on s'est porté des santés mutuelles, et l'on s'est séparé avec le regret réciproque de quitter des amis et des frères.

Jusqu'à ce moment la société n'avoit exercé qu'un acte religieux de civisme, et l'air de fête qui s'y étoit joint n'étoit dû qu'au patriotisme des citoyens de Versailles. Mais une fête réelle avoit été résolue pour clore cette belle journée ; les sociétaires y invitèrent les amis qu'ils venoient de faire à Versailles ; plusieurs d'entre eux voulurent bien accepter, et tous se rendirent, par groupes détachés, au Ranelagh du bois de Boulogne.

Une compagnie nombreuse les y attendoit. Beaucoup de membres de l'Assemblée nationale y avoient été invités. Ils devoient être un des principaux ornemens de la fête, et plusieurs ont daigné témoigner leur regret de n'avoir pu s'y rendre. Ceux qui y ont assisté étoient MM. Menou, Aiguillon, Charles et Alexandre Lameth, Goupillot, Barnave, l'Apparent, Giraud, Gourdan, Cussy, Robespierre,

Creuzé, Laborde, Provincair, Brevet, Grenaud, Muguet, Riche, Babet et Beauharnois : avec eux étoient une troupe nombreuse de dames, plusieurs volontaires de la Bastille, ceux des sociétaires qui n'avoient pu se rendre à Versailles, et une foule de citoyens, tant de Paris que des autres départemens, tous connus par leur patriotisme.

Dans la grande salle du Ranelagh étoit une table d'environ deux cent cinquante couverts, disposée en croix. Au centre étoient les bustes de Rousseau, de Franklin et de Montesquieu. On n'avoit pu se procurer celui de Mably. L'intention des sociétaires avoit été de rappeler en tout dans ce banquet les mœurs simples, frugales et franches de la liberté. De grosses viandes rôties, quelques plats de légumes, les fruits communs de la saison, un seul vin d'ordinaire ; voilà tout ce qui le composoit, et tout a été servi à la fois.

On alloit s'asseoir, et quelques mouvemens de déférence entre les convives excitoient un peu de confusion, lorsque le président de la société a proposé de dire le *Benedicite* des hommes libres ; il l'a prononcé en ces termes : « Au nom de la nation, de la loi et du roi, tous les hommes naissent et demeurent libres et égaux en droits. Les distinctions sociales ne sont admissibles qu'autant qu'elles sont utiles à la chose publique. Ainsi soit-il, pour toujours! » Et à l'instant chacun s'est assis indistinctement à la place qui étoit devant lui.

Le premier besoin satisfait, le président a proposé aux convives d'entendre la lecture du procès-verbal de ce qui venoit de se passer à Versailles. Elle a été faite par M. Coquéau, qui en étoit le rédacteur, et plusieurs détails en ont été vivement applaudis.

Après cette lecture, M. Anaclet a demandé la parole, et a dit :

« Messieurs,

« Ce jour rappelle une des grandes époques de la sagesse et de l'intrépidité de nos représentans. Un Jeu-de-Paume fut un instant l'asyle forcé de leur dévoûment pour la patrie, il fut sanctifié par une délibération qui a sauvé la France. C'est ce lieu qu'une société d'hommes libres vient de consacrer. Ce serment fameux qui a ennobli son enceinte, ils l'ont confié au bronze, afin que le bronze le redit à la postérité. Oui, messieurs, la postérité s'écriera, dans l'enthousiasme de la reconnoissance : Quels hommes étoient donc ces citoyens élus en 1789, pour la régénération de l'empire français? Entourés des seules forces de la philosophie, ils ont dissipé des bataillons et des escadrons nombreux, renversé les formidables appréts des ennemis de la patrie, vaincu et désarmé les corrupteurs des rois.

Ils ont dit à l'homme : voilà vos droits. Ils ont dit au peuple : telle est votre puissance et votre majesté. Ils ont restitué aux lois leur sainteté, à la morale son influence et ses consolations, à la religion sa touchante et éternelle beauté. Ils ont créé un peuple de frères et d'amis.

« Ces merveilles que célébreront nos derniers neveux, ils ne les auront point vues, et c'est ce qui manquera à leur bonheur. Nous, les témoins et les amis de la révolution, nous avons offert aux pères de la patrie l'hommage de notre respect et de notre admiration. Nous avons porté et scellé de nos propres mains, dans le Jeu-de-Paume de Versailles, un monument qui doit éterniser leur gloire et leurs bienfaits. »

Au dernier mot de ce discours, les dames, qui avoient profité de l'attention qu'il inspiroit pour sortir sans affectation, sont rentrées en formant deux files qui ont enveloppé tous les convives. A mesure qu'elles avançoient, chacune d'elles posoit une couronne de chêne sur la tête du député qui se trouvoit sur sa route. Cette scène inattendue a excité la plus vive émotion ; elle s'est manifestée par des applaudissemens, des acclamations et des larmes. Tous les yeux, tous les cœurs offroient à nos dignes représentans la touchante expression de la reconnoissance publique. Au milieu de l'attendrissement universel, M. Menou a demandé la parole, il a dit : « Messieurs, hier nous avons prononcé l'abolition des vains titres qui entretenoient parmi nous l'esprit d'orgueil et de supériorité. Aujourd'hui vous nous offrez une récompense qui se concilie parfaitement avec cette égalité, désormais notre loi commune. Je jure, au nom de tous mes collègues, de conserver précieusement ce nouveau gage de vos sentimens et de votre patriotisme. » Il s'est levé en étendant la main, et tous les députés convives en ont fait de même en signe d'assentiment.

M. Aiguillon a ensuite demandé la parole, et a dit : « Messieurs, après avoir foulé aux pieds nos titres et nos prérogatives, il nous est bien doux, le lendemain même du décret immortel qui achève de consacrer pour jamais l'égalité des hommes, d'en trouver l'esprit dans cette société, d'en recueillir parmi vous les fruits d'une manière aussi touchante. »

L'agitation de tous ces mouvemens un peu calmée, M. Danton a fait la motion de *toaster*, et a proposé pour premier *toast* la liberté et la réunion de tous les peuples de l'univers ; M. Santonax, à la liberté des noirs et de tous les hommes opprimés ; M. Creuzé, à la liberté de la presse : plusieurs personnes à la fois ont à l'instant ajouté ce que M. Creuzé alloit ajouter lui-même : à la liberté indéfinie de la presse, sans restriction ni modification; M. Charles Lameth, à tous les patriotes français et à ceux des autres nations; M. Couraudin, au régiment de Flandre, et à MM. de la garde nationale et des invalides de Versailles (1); M. Robespierre, à tous les écrivains courageux qui ont écrit et souffert pour la liberté; un autre, aux vainqueurs de la Bastille; un autre, aux anciennes gardes françaises; M. Joseph, à la conversion des aristocrates; un autre, au roi, restaurateur de la liberté; M. Goupillot, aux dames qui, dans ce banquet, ont manifesté leur patriotisme avec autant d'ardeur que de grâces; — « c'est, a-t-il ajouté, tout ce que je veux garder de l'ancienne chevalerie. »

Ces santés bues, M. Alexandre Lameth a demandé la parole. « Messieurs, a-t-il dit, je demande, sans crainte d'être désavoué par mes collègues, que tous les députés présens soient aggrégés à la Société du serment du Jeu-de-Paume. » Cette demande a été accueillie avec transport par tous les sociétaires. M. Danton a annoncé qu'il feroit le soir même aux Jacobins la proposition d'y recevoir les membres de la Société du serment. M. Menou et plusieurs autres ont promis de l'appuyer.

Alors on a vu paroître le simulacre de la Bastille porté par quatre convives, qui l'ont mis à la place des trois bustes qui ornoient le banquet, et qui venoient d'être transférés aux extrémités de la table. Les spectateurs ne savoient d'abord que penser; mais tout d'un coup les vainqueurs de la Bastille s'avançant, croisent leurs sabres en signe de fédération, et fondent tous ensemble sur ce repaire des lâches vengeances du despotisme. Il tombe sous leurs coups, et du milieu de ses débris, sort le génie de la France régénérée, représenté par un enfant en long habit blanc (2), ceint d'une ceinture aux trois couleurs, tenant d'une main une pique avec le bonnet de la liberté, et de l'autre, la déclaration des droits de l'homme. Dans ses bras sont passées des couronnes de chêne et d'autres de laurier. Les premières sont posées par lui sur les bustes; les secondes sur la tête des vainqueurs de la bastille. Deux cents exemplaires de la déclaration des droits se trouvent sous ses ruines; on les distribue aux convives, et M. Joseph récite les vers suivans :

> La foudre des tyrans a grondé sur nos têtes;
> Un pacte a dissipé leurs complots ténébreux :
> Il offre à l'univers des plus dignes conquêtes,
>   Il va le rendre heureux.

(1) Plusieurs braves vieillards de ce corps assistoient au banquet.
(2) Cet enfant étoit le jeune M. Gilles, âgé de cinq à six ans, fils d'un père et d'une mère, tous deux membres de la société, et également recommandables par leur patriotisme.

PIÈCES JUSTIFICATIVES. 89

Ivre du sang des morts, l'hydre aristocratique
Sur le sang des vivans méditoit ses desseins;
Déjà de ses bourreaux la ligue despotique
  Nommoit nos assassins.
Traitres! pour qui ces feux, ces foudres, ces entraves
L'homme et ses droits vont-ils rentrer dans le chaos?
Insensés! vous voulez réguer sur des esclaves,
  Vous faites des héros!
Poursuis, monstre altéré du sang de ta victime;
Sous tes propres débris va cacher ta fierté;
Apprends au monde entier que c'est sur ton abîme
  Que naît la liberté.
Et toi, dans tous les cœurs, Louis, vois ton empire;
Il est digne de nous, il est digne de toi :
C'est sur les murs fumans où le despote expire
  Qu'il est beau d'être roi.

Ainsi s'est terminé ce banquet, et MM. les députés à l'Assemblée nationale se sont retirés. Beaucoup de convives ont suivi leur exemple; la nuit approchoit, et il ne restoit plus qu'une partie des membres de la société, lorsqu'on a vu arriver M. le Cointre, plusieurs de ses coadministrateurs, et quelques citoyens de la garde nationale de Versailles, qui n'avoient pu accepter notre pressante invitation au banquet, mais qui, ont-ils dit, venoient s'en dédommager. L'assemblée s'est à l'instant reformée pour eux; et la présidence en a été déférée à M. le Cointre, en l'absence du président de la société. On s'est rappelé par des discours et des félicitations réciproques, les divers détails de la cérémonie du matin; on s'est embrassé; on s'est porté des santés mutuelles; et cette réunion imprévue, mais trop attardée et trop courte, en resserrant de plus en plus les liens de fraternité et de tendresse qui unissent les citoyens de Paris à ceux de Versailles, a laissé dans les cœurs, au départ de M. le Cointre et de ses compagnons de voyage, beaucoup d'attendrissement et un peu de tristesse.

Certifié véritable. A Paris, ce 26 juin 1790. *Signés*, G. ROMME, président de la Société du serment du jeu de paume; JOSEPH et COQUÉAU, secrétaires.

N. B. Les récits de cette fête ayant été rendus d'une manière infidèle dans quelques journaux, et même dans quelques libelles un peu indécens (*sic*), dont on a bien voulu nous honorer, nous avons cru devoir étendre un peu les détails de cette relation, persuadés d'ailleurs qu'ils ne seroient pas sans intérêt pour les amis de la révolution.

Nous ajoutons, sous forme d'épilogue, la liste nominale des Députés qui furent présents à la séance du Jeu-de-Paume. C'est une pièce capitale qui, à notre connaissance, n'a jamais été publiée exactement. Nous la donnons d'après le procès-verbal conservé en double aux Archives nationales et aux Archives de la Chambre des députés. M. Edmond Guillaume a eu l'heureuse idée de transcrire une copie des signatures portées en ce procès-verbal sur les murs de l'édifice. Nous pouvons certifier que l'orthographe des noms a été respectée avec une fidélité qui va jusqu'au scrupule. De notre côté, nous nous sommes efforcés de mettre notre reproduction typographique en harmonie avec la liste murale du Jeu-de-Paume. Editeur et imprimeur ont concouru à ce travail qui a été l'objet des soins les plus diligents, nous pourrions dire religieux.

Si la manière d'écrire certains noms a changé, — avec les événements ou les temps, — c'est toujours à cette liste primordiale qu'il faut revenir, puisqu'elle a pour elle l'authenticité des signatures originales.

« ..... Aussitôt l'appel des bailliages, sénéchaussées, provinces et villes a été fait suivant l'ordre alphabétique (1); et chacun des membres présents, en répondant à l'appel, s'est approché du bureau et a signé. »

(Procès-verbal de la séance.)

(1) On comprend que l'ordre alphabétique n'ait pas été rigoureusement suivi par les signataires.

LISTE OFFICIELLE

DES

DÉPUTÉS AUX ÉTATS GÉNÉRAUX

QUI ONT PRÊTÉ

LE SERMENT DU JEU-DE-PAUME

Le 20 Juin 1789

Agen...	DAUBERT, TERME, FRANÇOIS.
Aix	BOUCHE, LE COMTE DE MIRABEAU, AUDIER-MASSILLON, POCHET.
Albret-Castelmoron..	BRUNET DE LATUQUE, BROSTARET, NAU DE BELISLLE.
Alençon............	GOUPIL DE PRÉFELNE, P. COLOMBEL DU BOIS AU LARD, LE BIGOT DE BEAUREGARD.
Alsace	MEYER.
Amiens	LEROUX, LENGLIER.
Amont (F.-Comté)..	DE RAZE, MUGUET DE NANTHOU, COCHARD, DURGET, PERNEL, GOURDAN.
Angoulême........	E. AUGIER, ROY, POUGEARD DU LIMBERT, MARCHAIS.
Anjou	C. VOLNEY, L. M. DELAREVEILLÈRE-DE-LÉPEAUX, BREVET DE BEAUJOUR, RICHE, DESMAZIÈRES, LEMAIGNAN, MILSCENT.

LISTE OFFICIELLE

Annonay	BOISSY-D'ANGLAS.
Arles	PELLISSIER, DURAND de MAILLANE, BOULOUVARD, BONNEMANT.
Armagnac	DE LATERRADE, LA CLAVERIE.
Artois	BRASSARD, VAILLANT, DE ROBESPIERRE, BOUCHER.
Auch	SENTETZ.
Autun	VERCHÈRE de REFFYE.
Auxerre	MARIE de LAFORGE, PAULTRE des EPINETTES.
Auxois	GUIOT, GUIOT de SAINT-FLORENT.
Aval (Fr.-Comté)	BABEY, BIDAULT, CHRISTIN.
Avesnes	HENNET.
Bailleul	DE KŸTSPOTTER, P. A. HERWŸN, BOUCHETTE, DELATTRE de BALSAERT.
Bar-le-Duc	MARQUIS, VIARD, DUQUESNOY, BAZOCHE, GOSSIN, ULRY.
Bar-sur-Seine	BOUCHOTTE, PARISOT.
Basse-Marche	LESTERPT de BEAUVAIS, LESTERPT.
Anjou	ALLARD.
Beauvais	F. MILLON de MONTHERLANT, OUDAILLE.
Belfort	LAVIE, PFLIEGER, GUITTARD.
Berry	BOËRY, LE GRAND, THOREL, POYA de LHERBAY, SALLÉ de CHOU, BAUCHETON, AUCLER des COTTES, GRANGIER.
Besançon	BLANC, LAPOULE.
Béziers	SALES DE COSTEBELLE, MÉRIGEAUX, REY, ROCQUE.
Bigorre	BARÈRE de VIEUZAC, DUPONT.
Blois	DRÜILLON, TURPIN, DINOCHAU.
Bordeaux	FISSON-JAUBERT, DELUZE-LETANG, VALENTIN-BERNARD, NAIRAC, LAFARGUE.
Boulogne	LATTEUX, GROS.

Bourg............	GAUTHIER DES ORCIÈRES.
Brest............	MOYOT, LE GENDRE.
Poitou...........	GOUPILLEAU.
Caen............	FLAUST, POULAIN DE BEAUCHÊNE, PAIN, GABRIEL DE CUSSY.
Calais...........	FRANCOVILLE.
Cambrésis........	MORTIER, DELAMBRE.
Carcassonne......	RAMEL-NOGARET, DUPRÉ, BENAZET, MORIN.
Carhaix..........	LEGOLIAS, BILLETTE.
Castelnaudary....	DE GUILHERMY, MARTIN D'AUCH, *opposant*.
Castres..........	PEZOUS, RICARD.
Beaujolais.......	CHASSET.
Caux............	BOURDON, SIMON, LASNOUE, FLEURYE, CHER-FILS.
Aval (Fr.-Comté)...	VERNIER.
Châlons-sur-Marne.	PRIEUR, CHOIZY.
Châlon-sur-Saône...	PETIOT, PACCARD, BERNIGAUD-DEGRANGE, SANCY.
Autun............	REPOUX.
Charolles........	GEOFFROY, FRICAUD.
Chartres.........	PETION DE VILLENEUVE, BOUVET.
Château-Thierry...	HARMAND, PINTEREL DE LOUVERNY.
Châtellerault.....	DUBOIS, CREUZÉ DE LATOUCHE.
Châtillon-sur-Seine.	FROCHOT, BENOIST.
Chaumont........	MOUGEOTTE DE VIGNES, MOREL, LALOY, JANNY.
Chaumont-en-Vexin.	D'AILLY.
Clermont (Auvergne).	GAULTIER DE BIAUZAT, HUGUET.
Annonay.........	MONNERON.
Clermont (Beauv.)..	DAUCHY, MEURINNE.
Colmar..........	HERMAN, REUBELL, J. L. KAUFMANN.

LISTE OFFICIELLE

Comminges .... PEGOT, ROGER.

Condom .... PELAUQUE-BÉRAUT, MEYNIEL.

Coutances......... LE SACHER DE LA PALIÈRE, BURDELOT, VIEILLARD Fils, BESNARD, POURET.

Crépy-en-Vexin.... ADAM DE VERDONNE.

Dauphiné .... DELACOUR-D'AMBÉSIEUX, BÉRENGER, MOUNIER, BARNAVE, BERTRAND DE MONTFORT, BIGNAN DE COYROL, CHABROUD, BLANCARD, CHESNET, REVOL.

Tartas............ LARREYRE.

Dax ... . LAMARQUE.

Dijon. .... VOLFIUS, HERNOUX.

Dinan............. GAGON, COUPARD.

Dôle.............. RÉGNAULD D'EPERCY, GRENOT.

Douai............. MERLIN, SIMON DE MAIBELLE.

Dourdan........... LEBRUN, BUFFY.

Draguignan........ LOMBARD-TARADEAU, MOUGINS DE ROQUEFORT, VERDOLLIN, SIEYES LA BEAUME.

Etampes .... LABORDE DE MÉRÉVILLE, L. GIDOIN.

Evreux .... LEMARÉCHAL, BUSCHEY-DESNOËS, BUZOT, BEAUPERREY.

Forcalquier .... SOLLIERS, LATIL, MÉVOLHON, BOUCHE Fils.

Forez............. LE MARQUIS DE ROSTAING, DELANDINE, JAMIER.

Fougères.......... FOURNIER DE LA POMMERAYE, LEMOINE DE LA GIRAUDAIS.

Gex............... GIROD, GIROD.

Gien. .... BAZIN, JANSON.

Haute-Marche...... LABOREYS DE CHATEAUFAVIER, BAUDY DE LACHAUD, GRELLET DE BEAUREGARD, TOURNYOL-DUCLOS.

Haguenau.......... HELL.

Hennebon .... CORROLLER-DUMOUSTOIR, Joseph DELAVILLE-LEROUXL, E. LE FLOCH.

Labour	GARAT Aîné, GARAT Cadet.
Langres	THÉVENOT DE MAROISE, HENRYOT.
Lesneven	KERAUGON, LEGUEN DE KANGALL.
Libourne	MESTRE, DUMAS.
Lille	J. WARTEL, CHOMBART, LEPOUTRE, Louis SCHEPPERS.
Bas-Limousin	MELON, MALÈS, DELORT.
Haut-Limousin	ROULHAC, MONTAUDON, NAURISSART Fils, CHAVOIX.
Limoux	LA RADE.
Loudun	DUMOUSTIER-DELAFOND, BION.
Lyon	PERISSE - DULUC, MILLANOIS, GOUDARD, GIRERD, BERGASSE, E. DURAND.
Mâcon	DE LA MÉTHERIE.
Maine	ENJUBAULT DE LA ROCHE, JOÜYE-DESROCHES, LASNIER DE VAUSSENAYE, MENARD DE LA GROYE, CHENON DE BEAUMONT.
Mantes	GERMIOT.
Marches du Poitou	FRANCHETEAU DE LA GLAUSTIÈRE.
Meaux	DES ESCOUTES, HOUDET.
Mende	RIVIÈRE, CHARRIER.
Mirecourt	CHANTAIRE, PETITMENGIN.
Montargis	GILLET DE LA JACQUEMINIÈRE.
Montfort-l'Amaury	AUVRY, LAIGNIER, LASLIER.
Montpellier	VERNY, JAC.
Montreuil	RIQUIER.
Morlaix	COUPPÉ, BAUDOÜIN DE MAISON-BLANCHE, MAZURIER DE PENNANNECH.
Moulins	MICHELON, LOMET, BERTHOMIER DE LA VILLETTE, LE BRUN, GOYARD.
Nancy	SALLE, REGNEAULT DE LUNÉVILLE.
Nantes	GIRAUD-DUPLESSIX, BLIN, JARY.

Nemours	BERTHIER, DU PONT.
Nîmes	VOULLAND, RABAUT de SAINT-ÉTIENNE, RICARD, SOUSTELLE, QUATREFAGES de LAROQUET, CHAMBON, MEYNIER de SALIXELLES, VALÉRIAN-DUCLAU.
Nivernais	GOUNOT, MARANDAT d'OLLIVEAU, PARENT, ROBERT.
Orange	DUMAS, BOUVIER.
Orléans	SALOMON de la SAUGERIE, de FAŸ, DELAHAYE-DELAUNAY, HENRY de LONGUÈVE, PÉLERIN de la BUXIÈRE.
Paris (hors murs)	TARGET, DUCELLIER, LENOIR de la ROCHE.
Paris (ville)	P. VIGNON, BERTHEREAU, POIGNOT, BEVIÈRE, MARTINEAU, GERMAIN d'OISANVILLE, DÉMEUNIER, TREILHARD, DOSFANT, GARNIER, l'abbé SIÉYES, LECLERC.
Perche	F. MARGONNE, BAILLEUL.
Périgord	PAULHIAC de la SAUVETAT.
Péronne	PRINCEPRÉ de BUIRE, BOULEVILLE-DUMETZ, DE BUSSI.
Perpignan	TERRATS, TIXEDOR, ROCA, GRAFFAN.
Ploërmel	BOULLÉ, TUAULT, ROBIN de MORHÉRY, PERRET de TREGADORET.
Poitou	BOURON, BIROTHEAU des BURONDIÈRES, DABBAYE, FILLEAU, THIBAUDEAU, BRIAULT, LAURENCE.
Provins	ROUSSELET, DAVOST.
Puy (en Velay)	RISCHOND, BONET de TREICHES.
Quercy	FAYDEL, DURAND, PONCET-DELPECH, GOUGES-CARTOU.
Metz	MATHIEU de RONDEVILLE, EMMERY, CLAUDE.
Rennes	HUARD, GLÉZEN, LE CHAPELIER, LANJUINAIS, DEFERMON, HARDY de la LARGÈRE. MICHEL GÉRARD.

Riom	MALOUET, DUFRAISSE DU CHEY, RIBEROLLES, GRENIER, TAILHARDAT DE LA MAISONNEUVE.
Maine	MAUPETIT, DE LALANDE.
Rodez	RODAT D'OLEMPS.
Rouen	LE COUTEULX DE CANTELEU, LEREFFAIT, DENIS LEFORT, THOURET, DE CRETOT.
La Rochelle	ALQUIER.
Nantes	COTTIN, PELLERIN, GUINEBAUT, BACO DE LA CHAPELLE, CHAILLON.
Saint-Flour	BERTRAND, HÉBRARD, DAUDE.
St-Pierre-le-Moutier	VYAU DE BAUDREUILLE.
Saint-Quentin	FOUQUIER D'HÉROÜEL.
Saintes	GARESCHÉ, LEMERCIER.
Sarreguemines	ANTHOINE.
Saumur	DE CIGONGNE.
Senlis	DELACOUR.
Sens	MENU DE CHOMORCEAU.
Sezanne	MOUTIER.
Toulon	RICARD, MEIFRUND, FÉRAUD, F. JAUME.
Toulouse	VIGUIER, CAMPMAS, LARTIGUES, FOS DE LABORDE, ROUSSILLON, RABY DE SAINT-MÉDARD.
St-Jean-d'Angély	DE BONNEGENS.
Touraine	GAULTIER, MOREAU, VALETE, NIOCHE, BOUCHET, CHESNON DE BAIGNEUX, PAYEN-BOISNEUF, BEAULIEU.
Trévoux	ARRIVEUR.
Troyes	CAMUSAT DE BELOMBRE, JEANNET, BAILLOT.
Quimper	F. J. LE DÉAN, LE GOAZRE DE KERVÉLÉGAN.
Saint-Brieuc	DE CHAMPEAUX-PALASNE.
Vannes	DUSERS.
Vendôme	POTHÉE, CRÉNIÈRE.

Verdun............	DEULNEAU, DUPRÉ de BALLAY.
Vermandois.......	DE VIEFVILLE des ESSARS, LE CARLIER, DE VISME, BAILLY, LECLERCQ, LÉLEU de la VILLE-aux-BOIS.
Tréguier..........	DELAUNAY, Chanoine Prémontré.
Villefranche-de-R...	MANHIAVAL, PERRIN, ANDURAND.
Villeneuve de Berg..	ESPIC, DUBOIS-MAURIN, MADIER de MONTJAU, DEFRANCE.
Villers-Cotterets....	BOURGEOIS, AUBRY-DUBOCHET.
Vitry-le-François..	LESURE, BARBIÉ.
Artois............	PAŸEN, PETIT, C. FLEURY, DU BUISSON.
Auch..............	PÉREZ.
Avesnes...........	BESSE, Curé de Saint-Aubin.
Caen..............	LOUIS LAMY, J. B. G. DE LAUNEY.
Mâcon............	MERLE.
Bar-le-Duc........	SIMON, Curé de Woel.
Nancy............	RÉGNIER, GRÉGOIRE, Curé d'Emberménil.
Boury (en Bresse)...	POPULUS, BOUVEIRON, PICQUET.
Châteauneuf.......	R. CLAYE.
Bugey............	DE LILIA de CROSE.
Calais............	BLANQUART des SALINES.
Alsace............	BERNARD.
Forez.............	RICHARD.
Bas-Limousin......	LUDIÈRE.
Marseille.........	CASTELANET, DELABAT.
Mirecourt.........	CHERRIER, FRICOT.
Montargis.........	LE BOIS DESGUAYS.
Bordeaux.........	GASCHET DELISLE, DE SEZE.
Montfort-l'Amaury.	HAUDUCOEUR.
Montreuil.........	POULTIER.
Ponthieu..........	DUVAL de GRANDPRÉ, DE LATTRE.

Sedan	MILLET de LAMAMBRE, DOURTHE.
Pamiers	VADIER, LAZIROULE.
Paris (hors murs)	AFFORTY, DE BOISLANDRY, CHEVALIER.
Paris (ville)	GUILLOTIN, ANSON.
Périgord	GONTIER de BIRAN.
Poitou	JALLET, Curé de Chérigné, LECESVE, Curé de Sainte-Triaize, LOFFICIAL, GALLOT, PERVINQUIÈRE, AGIER.
Quercy	BOUTARIC, LACHÈZE.
Le Quesnoy	PONCIN, GOSSUIN.
Quimper	LE GUILLOU de KERINEUFF.
St.-Jean-d'Angely	REGNAUD.
Reims	RAUX, VIELLART, BARON, LA BESTE.
Riom	REDON, GIROT de POUZOLS, BRANCHE, ANDRIEU.
Rodez	PONS de SOULAGES.
La Rochelle	GRIFFON DE ROMAGNÉ.
Rivière-Verdun	LONG, PÉRÈS de LAGESSE.
Saintes	AUGIER.
Rouen	J. MOLLIEN.
Saint-Brieuc	DE NEUVILLE, POULAIN de CORBION.
Lyon	TROÜILLET.
Moulins	LAURENT, Curé d'Huillaux.
Sézanne	PRUCHE.
Sarreguemines	SCHMITS, VOIDEL, MAYER.
Saumur	BIZARD.
Toul	GERARD de VIC, MAILLOT.
Strasbourg	DE TURKEIM, SCHWENDT.
Soissons	BROCHETON, FERTÉ.
Trévoux	JOURDAN.
Vitry-le-François	DUBOIS de CRANCÉ, POULAIN de BOUTANCOURT.

Toulouse............	DEVOYSINS.
Villefranche-de-R..	LAMBEL.
Comminges........	LATOUR LA VIGUERIE
Chaumont-en-Vexin	BORDEAUX.
Limoux............	BONNET.
Saint-Domingue....	LE MARQUIS DE GOUY D'ARSY, REYNAUD, COCHEREL, LE MARQUIS DE PERRIGNY, LE MARQUIS DE ROUVRAY, LARCHEVESQUE-THIBAUD, BODKIN-FITZ-GÉRALD, DE THÉBAUDIÈRES.
Vannes............	LUCAS DE BOURGEREL.
Mont-de-Marsan...	MAURIET DE FLORY.
Périgord..........	LA CHARMIE.
Caux.............	BEGOUEN.
Haguenau........	LE BAILLY DE FLACHSLANDEN.
Coutances........	PERRÉE-DUHAMEL.
(Mayenne) Maine...	GOURNAY.
Poitou............	BIAILLE DE GERMON.
Paris.............	DEBOURGE, LE MOINE, LUCY*.

Après les signatures données par les Députés, quelques-uns de MM. les Députés dont les titres ne sont pas encore jugés, et MM. les Suppléants, se sont présentés et ont demandé qu'il leur fût permis d'adhérer à l'arrêté pris par l'Assemblée et d'y apposer leurs signatures; ce qui ayant été accordé par l'Assemblée, ils ont signé.

Bar-le-Duc........	HUOT DE GONCOURT.
....	COLLOMBEL.
Paris (ville).......	BAUDOUIN*, DUCLOS DU FRESNOY*.
Anjou............	DAVY DES PILTIÈRES*.
Bourg-en-Bresse....	M. A. CERISIER*.

* Les noms marqués d'un astérisque indiquent les membres suppléants.

Poitou	COCHON DE LAPPARENT *.
Nantes	PUSSIN *.
Aix	VERDET *.
Marseille	P. PELOUX *.
Rennes	VARIN *, BODINIER *.
Troyes	PARENT *.
Quimper	TREHOT DE CLERMONT *.
Metz	MAUJEAN.
Anjou	LECLÈRE *, PILASTRE *.
Aval-en-F.-Comté	POURTIER DE LARNAUD *.
Perche	AUGUSTIN BOURDEAUX *.
Montpellier	CAMBON FILS AÎNÉ *.
Agen	RENAUD.

22 Juin. — Plusieurs membres de l'Assemblée, absents de la séance du 20 de ce mois, par maladie ou par d'autres empêchements insurmontables, ont demandé à prêter actuellement le serment délibéré et prêté dans cette séance.

L'Assemblée ayant approuvé, il a été fait lecture de l'arrêté qui avait été pris. — Cette lecture faite, les membres absents lors de la séance ont déclaré y adhérer et ont prêté le serment délibéré. — Quelques-uns de MM. les Suppléants s'étant à l'instant présentés, et ayant demandé à adhérer à l'arrêté par leur signature, l'Assemblée le leur a accordé. MM. les Députés absents et MM. les Députés suppléants ont signé :

Troyes	JEANNET LE JEUNE.
Alençon	BELZAIS DE COURMENIL.
Châtellerault	JOYEUX.
Tartas	CASTAIGNÈDE.
Arles	ROYER.
St-Pierre-le-Moutier	PICART DE LA POINTE.
Maine	J. R. GUÉRIN
Paris (hors murs)	DUVIVIER, TRONCHET, GUILLAUME, D'ARTIS DE MARCILLAC.

Paris (ville)........ ..	LACRETELLE*, HUTTEAU.
Poitou	DUTROU du BORNIER, BALLARD, DILLON, FAULCON*.
Bugey	BRILLAT-SAVARIN.
Bordeaux.	BOISSONNOT, LESNIÈRE*, MERCIER-TERREFORT*.
Saint-Flour........	ARMAND, DEVILLAS.
Péronne...........	PREVOST.
Saint-Quentin......	L'abbé du PLAQUET.
Dijon.............	GANCTHERET, ARNOULT.
Saint-Domingue....	MAGALLON.
Lyon	COUDERC.
Bazas............	LAVENÜE, SAIGE.
La Rochelle	RUAMPS*.
Valenciennes.......	J. C. PERDRY, NICODÈME.
Blois..............	DE LAFORGE.
Péronne...........	ANGO*.
Beaujolais	HUMBLOT.
Morlaix............	G. LE LAY.
Crépy-en-Valois....	HANOTEAU.
Melun	TELLIER, DESPATYS de COURTEILLES.
Amiens.....	DOUCHET.
Dax	BASQUIAT de MUGRIET.
Orléans...........	LEFORT.
Châteauneuf.......	PÉRIER.
Auxois....	BOULLIOTTE.
Mirecourt..........	FEBVREL*.
Albret-Castelmoron.	PEYRUCHAUX.
Ploërmel..........	LE DEIST de BOTEDOUX*.
Saintes	RATIER.

Nantes............	MEUSNIER DU BREUIL.
Marseille..........	LOUIS LEJEAN, MICHEL ROUSSIER.
Dauphiné.........	ALLARD DU PLANTIER.
Toulouse	MONSSINAT.
Marches-de-Poitou..	AUVYNET.
Moulins...........	VERNIN.
Agen	MILHET DE BELISLE.
Paris (ville).......	BAILLY, *Président*, CAMUS, *Secrétaire*.
Dauphiné.........	PISON FILS, *Secrétaire*.

La liste du 22 juin est copiée sur le procès-verbal des Archives de la Chambre des Députés; celle que contient le procès-verbal conservé aux Archives nationales en diffère par des noms en moins et d'autres en plus.

www.ingramcontent.com/pod-product-compliance
Lightning Source LLC
Chambersburg PA
CBHW070530100426
42743CB00010B/2029